정면돌파

국제제자훈련원은 건강한 교회를 꿈꾸는 목회의 동반자로서 제자 삼는 사역을 중심으로 성경적 목회 모델을 제시함으로 세계 교회를 섬기는 전문 사역 기관입니다.

정면돌파

초판 발행 2010년 2월 19일
초판 13쇄 발행 2012년 3월 15일

지은이 오정현
펴낸이 오정현 **펴낸곳** 도서출판 국제제자훈련원
등록 제22-1240호(1997년 12월 5일)
주소 (137-865) 서울시 서초구 서초1동 1443-26
e-mail dmipress@sarang.org **홈페이지** www.discipleN.com
전화 (02)3489-4300 **팩스** (02)3489-4309

ISBN 978-89-5731-448-7 03230

※ 책값은 뒤표지에 있습니다. 잘못된 책은 구입하신 곳에서 교환해 드립니다.

세상 권세와 시대의 유행을
이기는 믿음의 힘

정면돌파

Promise or Compromise

오정현 지음

국제제자훈련원

Promise or Compromise

책을 열며

세상을 거슬러 오르는 힘, 정면 돌파!

얼마 전 아무도 가지 않는 바다 한가운데에 한반도 크기의 7배에 달하는 엄청난 섬이 생겨났습니다. 인공위성에서 사진을 찍어 급히 확인해 본 결과 그것은 쓰레기가 저절로 모여서 만들어진 섬이라는 게 밝혀졌습니다. 전 세계에서 버려진 쓰레기들이 바다의 조류에 저항없이 이리저리 휩쓸리다 한곳에 모여 섬을 만들게 된 것입니다. 이렇게 조류가 만나는 곳은 때로 난파선들의 무덤이 되기도 합니다.

이것은 우리 인생의 법칙에도 해당됩니다. 조류에 저항하지 않는 것은 쓰레기밖에 없습니다. 우리가 만약 시대의 조류에 휩쓸리고, 세상의 힘에 굴복해 떠다니다 보면 저절로 쓰레기 섬, 난파선들의 무덤에 도착하게 될 것입니다. 세상 조류에 저항 없이 쓸려 다니는 자의 종말은 세상조차 외면하는 무익한 존재가 되는 것뿐입니다. 이런 세상의 조류에 휩쓸리지 않으려면 어떻게 해야 합니까? 적당히 시류를 이용하거나 피하는 것으로는 교활한 세상에 백전백패할 뿐입니다. 신앙인으로서 후회 없는 삶을 움켜쥐는 비결은 용사처럼 시류를 돌파하고, 우리 주변에 만연한 무신론적 흐름을 반전시켜 하나님을 향하도록 하는 데 있습니다. 결코 쉬운 일이 아닙니다. 그러나 우리가 먼저 정면 돌파해야 할 대상은 하나님의 저울 위에 함량 미달된 신앙들입니다. 5년, 10년 이상 교회 문턱을 넘어도 도무지 변화가 없는 정체된 신앙, 사자처럼 먹잇감을 찾아 울부짖는 세상의 발자국 소리만 들어도 겁에 질리는 위축된 신앙, 성경 말씀보다 세상의 상식에 끌려가는 무력한 신앙이 우리가 믿음으로 정면 돌파해야 할 것들입니다.

성경에는 우리보다 더 열악한 환경 속에서도 거대한 시대의 조류와 세상의 힘 앞에서도 휩쓸리지 않고 믿음으로 정면 돌파했던 사람이 있습니다. 바로 다니엘입니다. 그는 당시 세계의 가장 큰 제국 바벨론에 포로로 끌려갔습니다. 그러나 그는 그 거대한 제국의 힘 앞에 굴복하지 않았습니다. 그들의 술수에 휩쓸리지 않았습니다. 정면으로 승부했습니다. 수많은 사람들이 신상에 엎드려 절할 때 자신은 하나님 믿는 사람임을 모든 사람들 앞에서 선포하고 하나님 외에는 왕이나 우상이나 섬기지 않겠다고 정면 돌파했습니다. 그의 삶이 보여 준 모범은 오늘을 사는 우리 크리스천들에게 엄청난 힘이 되어 줄 것입니다.

그러나 이런 다니엘의 삶을 이야기하려고 할 때 제 마음에 적지 않은 부담이 있었습니다. 포로로 잡혀가 있던 다니엘의 삶과 하나님의 예언은 내용도 어렵고 주제도 무거워서 될 수 있는 한 피하고 싶었습니다. 그럼에도 다니엘의 삶을 돌아볼 수밖에 없었던 이유는 지금 많은 그리스도인들이 이 세상에서 신앙인으로서 과연 어떻게 살아야 할지 혼란스러워 하고 있기 때문입니다. 바벨론 포로로 끌려와 이방 땅에서 하나님을 섬기고 살았던 다니엘의 삶은 지금을 살아가는 그리스도인들이 반드시 경청해야만 할 필요가 있습니다.

다니엘은 오늘을 사는 모든 신앙인이 닮아야 할 초상입니다. 그의 충성과 지혜, 용기와 불굴의 기도, 한결같은 신앙과 세상을 품는 인격을 닮을 수만 있다면 우리 삶에서 믿음의 퇴보를 겪지 않고 도약을 경험할 수 있을 것입니다.

다니엘은 우상과 거짓이 창궐한 이방 나라의 궁궐에서도 정직과 감사로 자신의 몸을 단장하였습니다. 그는 죽음의 위기 앞에서도 결코 거짓의 옷을 입지 않았고, 절망적인 상황에서도 하나님께 감사의 제사를 드렸습니다(단 6:11). 그러기에 그는 거짓과 죄악의 길에서 돌이키지 않는 자기 백성을 향해 돌팔매질하기보다는 오히려 금식하며 베옷을 입고 민족의 짐을 껴안을 수 있었습니다(단 9:3).

다니엘서는 우리에게 세속 문화에서도 하나님 자녀로서의 정체성을 치열하게 확보하는 길을 열어주는 말씀입니다. 바벨론에서도 하늘문을 여신 하나님, 영적 전투력의 배가, 흠결 없는 신앙에 대한 갈증, 계시의 말씀의 생활화, 민족을 섬기는 애국적 신앙 등은 제가 다니엘서를 통해 함께하고자 하는 키워드입니다.

다니엘이 세상 권세와 세속 문화에 굴복하지 않고 돌파할 수 있었던 것은 영적 세계의 실상을 정확히 보고 이해했기 때문입니다. 육신의 눈으로 보는 것만이 전부가 아닙니다. 정말 중요한 것은 눈에 보이지 않습니다. 우리의 삶은 영적 세계의 넓이와 깊이를 이해하는 것만큼 넓어지고 깊어질 수 있습니다. 다니엘은 영적 전쟁에 대한 이해 때문에 결코 악에 대해서는 물러나지 않는 인생을 살았습니다. 우리도 영적 전쟁에서 도망가지 아니하고 강력한 진지를 구축할 때 하나님 나라를 위한 영광스런 무장을 감당할 수 있을 것입니다.

지금 세속의 물살은 쓰나미처럼 닿는 곳마다 거침없이 집어삼키고 있습니다. 지금 우리에게 필요한 것은 바벨론 같은 이 세상의 거친 조류와 시대의 완악한 힘을 다니엘처럼 용기 있게 정면으로 맞서는 믿음의 돌파입니다. 아무쪼록 이 책을 읽는 이마다 하나님께서 주신 비전과 꿈을 위해 어느 때, 어느 곳에서나 조금의 머뭇거림도 없이 믿음을 위해 사자굴 속으로 담대히 들어간 다니엘과 같은 신앙의 야성을 회복할 수 있기를 바랍니다.

많은 분들이 이 책의 출판을 위해 애를 썼습니다. 목회자료실의 김지미 자매와 국제제자훈련원의 장병주 편집장 외 모든 관계자들에게 감사를 드립니다.

2010년 오정현

차례

Promise or Compromise

책을 열며 세상을 거슬러 오르는 힘, 정면 돌파! ⋯ 4

STORY | 1부 세상의 중심에서 하나님을 섬기다

1 절망의 순간에 열린 하늘문 ⋯ 12
바벨론 포로, 한 많은 다니엘의 인생 (단 1:1–7)

2 시험이 없는 신앙생활은 없다 ⋯ 33
풀무불 속의 세 친구 (1) (단 3:1–18)

3 "그리 아니하실지라도"의 기적 ⋯ 48
풀무불 속의 세 친구 (2) (단 3:19–30)

4 믿는 자의 신앙을 선포하다 ⋯ 63
사자 굴에 던져진 다니엘 (1) (단 6:1–14)

5 위기의 순간이 구원의 순간이다 ⋯ 80
사자 굴에 던져진 다니엘 (2) (단 6:15–28)

PROPHECY | 2부 하나님의 예언은 이루어진다

6 뜨인 돌에 무너지는 제국들 … 98
느부갓네살 왕을 향한 예언 (단 2:1–45)

7 교만한 자가 받는 형벌 … 114
느부갓네살 왕의 일곱 해 (단 4:1–37)

8 하나님의 저울에 부족한 자 … 129
벨사살 왕을 향한 예언 (단 5:1–30)

9 세상 역사의 주관자 … 143
네 짐승의 예언 (단 7:1–28)

10 예언은 이루어진다 … 162
숫양과 숫염소의 예언 (단 8:1–27)

11 하나님 시간표의 거룩한 변수 … 177
일흔 이레의 기도 (단 9:20–27)

12 다가올 영적 전쟁을 준비하라 … 194
대환란의 예언 (단 11:1–45)

PRAYER | 3부 우리의 기도가 미래를 결정한다

13 하루에 세 번, 정한 시간에 기도하다 … 210
습관기도 (단 6:10–14)

14 저와 민족의 죄를 용서해 주옵소서 … 226
회개기도 (단 9:1–19)

15 참되신 주님의 역사를 이루어 주옵소서 … 240
세 이레 기도 (단 10:1–21)

16 마지막 그날까지 소명을 감당케 하소서 … 251
소명기도 (단 12:1–13)

정면돌파
Promise or Compromise

STORY

1부
세상의 중심에서 하나님을 섬기다

01 절망의 순간에 열린 하늘문
바벨론 포로, 한 많은 다니엘의 인생(단 1:1-7)

인생에 절망이 찾아오다

"유다 왕 여호야김이 다스린 지 삼 년이 되는 해에 바벨론 왕 느부갓네살이 예루살렘에 이르러 성을 에워쌌더니"(단 1:1).

인생이나 국가나 운명을 결정짓는 변곡점이 있다. 주전 7세기 서구 역사의 진운을 결정했던 것은 당시 세계를 장악한 이집트제국과 신흥 제국인 바벨론이 '갈그미스'에서 벌였던 대 전투였다. B.C. 605년에 있었던 이 '갈그미스 전투'에서 이집트는 세계 최강의 자리를 바벨론에 내주었다. 바벨론의 느부갓네살 왕이 고대 근동의 새로운 통치자로 우뚝 선 것이다.

이때 하나님의 예언을 무시한 채 이집트와 동맹관계를 맺었던 유다는 이집트의 멸망과 함께 망하고 말았다. 그 바람에 유다는 바벨론의 포로가 되고 말았다. 이것이 유대 민족의 1차 포로 시기였다.

바벨론은 이때 예루살렘 성전의 기명(器皿)들을 가져가고, 왕족들과 자녀들을 포로로 잡아갔다. 이스라엘 자손 중에서 왕족과 귀족 몇 사람, 곧 흠이 없고, 용모가 아름다우며, 모든 지혜를 통찰하며, 지식에 통달하며, 학문에 익숙하여, 왕궁에 설 만한 소년을 데려갔다(단 1:3-4). 다니엘도 그 소년들 중에 한 명이었다.

다니엘이 포로로 끌려 간 때는 대략 열여섯 살쯤으로 추측할 수 있다. 또 다니엘서 1장 21절에서 "다니엘은 고레스 왕 원년까지 있으니라"고 말한 것을 참조할 때, 다니엘은 갈그미스 전투가 있었던 B.C. 605년에서부터 고레스 왕 원년인 B.C. 539년까지 최소한 66년 동안 바벨론과 페르시아 쪽에서 포로로 생활했다. 사춘기 소년이었던 16세부터 건강을 유지하기 어려운 90세에 가까울 때까지, 그러니까 거의 평생을 한 많은 포로로 살았던 것이다.

게다가 다니엘은 궁중에서만 생활했다. 그렇게 오래도록 왕궁에만 있었다는 것은, 사실 다니엘이 내시였다는 뜻이다. 많은 성경학자들은 다니엘이 거세당했을 거라고 말한다. "또 왕의 몸에서 날 아들 중에서 사로잡혀 바벨론 왕궁의 환관이 되리라"(왕하 20:18)는 이 예언을 뒷받침하기라도 하듯, 성경에는 다니엘의 가족에 대한 이야기가 전혀 등장하지 않는다.

다니엘은 한참 예민한 사춘기 시절에 너무나 큰일을 많이 겪었다. 조국이 갑자기 멸망당한 것도 기가 막힌데, 수레에 실려 이방 나라 포로로 끌려가야 했으며, 거세를 당했다. 하나님을 모르는 이방 나라 왕궁 깊숙

이 끌려가 90세가 될 때까지 가족도 없이 혼자 살아야 했다. 조국의 멸망과 함께 산산조각 난 운명을 생각하면 하루 종일 눈물 젖은 음식을 삼켜야 하는 비참한 처지가 된 것이다. 물도 낯설고 말도 낯선 타국에 짐승처럼 끌려가서, 내 의지와 상관없는 삶을 살도록 강요당하는 일이 얼마나 암울하고 비참한 것인지 상상해 보라.

누구에게나 바벨론은 있다

다니엘을 가장 힘들게 했던 것은 '외로움'이었을지 모른다.
 "우리가 바벨론의 여러 강변 거기에 앉아서 시온을 기억하며 울었도다 그 중의 버드나무에 우리가 우리의 수금을 걸었나니 이는 우리를 사로잡은 자가 거기서 우리에게 노래를 청하며 우리를 황폐하게 한 자가 기쁨을 청하고 자기들을 위하여 시온의 노래 중 하나를 노래하라 함이로다 우리가 이방 땅에서 어찌 여호와의 노래를 부를까"(시 137:1-4).
 시편 137편은 바벨론 포로생활에서 가졌던 슬픔과 한탄을 토로한 시다. 바벨론은 이스라엘 역사에서 슬픔의 경계선이라고 말할 수 있다. 인류역사를 기원전과 기원후로 나누는 것처럼 이스라엘의 역사는 바벨론 포로 전과 포로 후로 나눌 수 있다. 이스라엘 백성들은 그 이후로 큰 환난이 있는 곳을 은유적으로 말할 때 '바벨론'으로 표현했다.
 사도 베드로는 로마에 있는 성도에게 편지를 쓸 때 실제로 이러한 은유적 표현을 사용했다. 로마를 '바벨론'으로 표현한 것이다.

"택하심을 함께 받은 바벨론에 있는 교회가 너희에게 문안하고 내 아들 마가도 그리하느니라"(벧전 5:13).

요한계시록에서 바벨론제국은 마지막 시대 적그리스도를 상징하며 세상 권력과 제국을 상징한다. 바벨론제국을 음란과 더러움의 영들이 깃드는 곳이라고 했다.

우리가 포로 된 다니엘을 보면서 깨달아야 할 것이 있다면, 그것은 누구에게나 바벨론은 있다는 것이다.

바벨론은 하나님의 백성이 포로로 있는 곳이다. 하나님의 백성이 고통당하는 장소다. 이 시대의 바벨론은 외로움의 장소이며 눈물이 뚝뚝 떨어지는 곳이다. 믿지 않는 사장으로부터 그리스도인이라는 이유로 당신이 괴롭힘을 당한 곳이다. 자신의 힘이 거세되는 곳이며, 그동안 당연하게 누려왔고, 의존했던 모든 것이 순식간에 눈앞에서 사라져버린 곳이다. 큰 환란이 있는 장소다. 믿음을 지키고 싶어도 지키기 힘든 곳이다. 술잔을 강요받는 회식 자리다. 바벨론은 우리의 믿음이 공격당하는 곳, 복음을 반대하는 곳, 우리의 믿음이 용납되지 않는 곳, 철저한 신앙의 서러움이 있는 곳이다.

오늘날의 성도도 이 바벨론 같은 곳에서 살고 있다. 그러면서 많은 사람들이 궁금해 하는 것은 왜 하나님이 믿는 자들에게 바벨론을 허락하시고, 바벨론의 포로로 살게 하시는가 하는 것이다.

하나님께서 왜 나를 이런 악한 상관 밑에서 일하게 하시는가? 왜 내가 믿는 아내가, 아이들이 나를 더 외롭게 하는가? 왜 친구들은 나를 배신

하고 모른 척 하는가? 이제 간신히 살만해졌는데 왜 하필 이때 교통사고가 났는가?

갑자기 고난을 겪는 그리스도인들이 이렇게 말하는 것을 들을 때 우리는 할 말을 잃는다. 그들이 왜 고통을 받는지 우리는 알 수 없다. 하지만 예수님의 삶을 돌아보아도 알 수 있듯 그 누구도 인생의 바벨론을 피할 수는 없다. 예수님이 세례를 받으실 때, 하늘문이 열리며 예수님의 머리 위에 성령이 비둘기같이 임하셨다. 하나님은 말씀하셨다.

"너는 내 사랑하는 아들이라 내가 너를 기뻐하노라"(막 1:11).

하나님은 이렇게까지 말씀하셨지만, 그 다음에 예수님 앞에 놓여 있는 길은 결코 평탄한 길이 아니었다. 성령이 곧바로 예수를 광야로 몰아냈기 때문이다(막 1:12). 예수 앞에 놓인 인생은 야생동물들과 함께 광야에서 지내는 삶이었다.

하지만 한 가지 중요한 사실이 있다.

"광야에서 사십 일을 계시면서 사탄에게 시험을 받으시며 들짐승과 함께 계시니 천사들이 수종 들더라"(막 1:13).

우리가 이 말씀에서 알 수 있는 것은 바벨론과 같은 상황에 놓인다 할지라도 하나님은 결코 우리를 혼자 내버려두지 않는다는 것이다. 우리를 수종 드는 천사를 함께 보내 주신다. 하나님은 이해할 수 없는 방법과 이해 안 되는 곳, 바벨론 혹은 이방 땅으로 인도하셔서 우리가 그분을 신뢰하도록 이끄신다. 이 신비를 이해하지 않고서는 다니엘의 삶을 이해하거나 해석할 수 없다.

하나님은 다니엘이 느부갓네살 왕의 포로가 된 것뿐만 아니라, 그 바벨론제국의 땅에 다니엘과 함께 계시다는 것도 말씀해 주신다.

"주께서 유다 왕 여호야김과 하나님의 전 그릇 얼마를 그의 손에 넘기시매"(단 1:2).

느부갓네살이 성전의 기명들을 자기 보물 창고에 갖다 둔 것 같지만, 사실은 주님이 먼저 그의 손에 넘기셨다고 하신다. 우리가 바벨론과 같은 상황에 처한다 할지라도 잊지 말아야 할 것은 우리의 하나님이 바벨론의 주권자라는 사실이다. 바벨론에서도 하나님은 그의 백성을 만나 주신다.

하나님은 고해와 같은 인생사에서 뜻하지 않게 만나는 눈물과 고통의 장소, 바벨론에서 함께 계신다. 하나님은 도무지 앞길이 보이지 않는 캄캄한 진퇴양난과 같은 인생의 낭떠러지에서도 우리와 함께 계신다. 하나님은 세상의 사상과 문화가 강하게 주장되는 캠퍼스 안에서 우리와 함께 계신다. 아무리 많은 이력서를 내도 거절당하는 절망 가운데도 함께 계신다. 하나님은 21세기를 지배하는 바벨론에서 우리와 함께 계신다. 그래서 바벨론 같은 끔찍한 곳도 하늘문이 열리는 소망의 공간이 되는 것이다. 이것이 인생의 유일한 희망이다.

1차 포로 때인 605년에 다니엘이 잡혀 갔고, 그 8년 뒤인 B.C. 597년 제2차 포로시기에는 에스겔이 잡혀갔다.

"서른째 해 넷째 달 초닷새에 내가 그발 강 가 사로잡힌 자 중에 있을 때에 하늘이 열리며 하나님의 모습이 내게 보이니 여호야긴 왕이 사로잡힌 지 오 년 그달 초닷새라"(겔 1:1-2).

에스겔은 암담하고 암울한 상황에서 하늘문이 열리고 하나님이 임재하시는 모습과 음성을 들었다. 그렇다. 우리가 기억해야 할 것은 우리가 절망과 어둠 속에 있을 때가 바로 하늘문이 열리고 하나님의 음성을 들을 때라는 사실이다.

에스겔은 제사장이었다. 제사장은 30세쯤 되면 대부분 사역을 시작했다. 에스겔은 하나님이 자신을 예루살렘으로 다시 보내 주실 것이라고 생각했을지도 모르지만 하나님은 에스겔을 그냥 포로 된 그 장소에 놓아두셨다. 그리고 나서 에스겔에게 하늘문을 열어 주셨다. 에스겔은 사로잡힌 바 되어 하나님의 영광을 보았다.

"그 사방 광채의 모양은 비 오는 날 구름에 있는 무지개 같으니 이는 여호와의 영광의 형상의 모양이라 내가 보고 엎드려 말씀하시는 이의 음성을 들으니라"(겔 1:28).

에스겔은 모세의 회막과 함께하셨던 여호와의 영광의 구름기둥을 본 것이다. 포로로 사로잡혀 납작 엎드려 있는 가장 처참한 때에 주님의 영광이 나타난 것이다. 숨 막힐 정도로 힘든 그 장소가 숨이 멎을 만큼 놀라운 하늘의 신비를 맛보는 장소로 변한 것이다. 이력서가 거절당하고, 서류가 바닥으로 던져지고, 해결할 수 없는 최후 통첩장이 보내질 때 바로 그곳에서 하늘문이 열리는 것을 보는 것이다.

이것이 하늘의 비밀이다. 주님은 다니엘을 통해, 에스겔을 통해 지금 우리에게 여전히 말씀해 주신다. 주님을 진정으로 만나고 주님을 볼 수 있는 때는 인생의 순풍이 부는 예루살렘 성전에서가 아니라 인생의 역풍을 만나 고전하는 바벨론에서와 같은 상황이라고 말이다. 모든 것이 쉽게 풀리고 탄탄대로로 나갈 때는 오히려 주의 영광을 보기가 쉽지 않다.

인생의 본질을 너무 잘 아시는 주님께서는 우리 앞에 문제 상황을 놓아두심으로써, 우리가 주님을 간절히 찾을 수 있도록 인도하신다. 믿음의 눈을 갖도록 이끄신다.

제자훈련을 하다보면 사람들이 종종 이런 하소연을 한다. "내 형편이 지금보다 조금 더 좋아지면…, 좀 더 좋은 부모를 만났다면…, 내가 좀 더 좋은 집안에서 태어나 남부럽지 않게 살았다면…, 내가 조금만 더 건강하다면…, 내 실력이 좀 더 탁월하다면 얼마나 좋을까요? 주님을 정말 더 잘 섬길 수 있었을 텐데요."

어쩌면 이 말은 믿음 좋은 말처럼 들릴지 모르지만 나는 이 말이 주님이 싫어하시는 말 중에 하나라고 생각한다. 이 말은 바꿔보면, "더 좋은 기회, 더 좋은 장소에서 하나님의 영광을 발견하면 얼마나 좋을까?"라는 말이 아닌가?

주님은 이런 하소연에 아마 이렇게 말씀하실 것이다.

"하늘문은 바벨론에 있을 때 열린다. 사로잡힌 자들 중에 있을 때 열린다."

내가 이제껏 목회해 오면서 깨달은 것은 상황이 좋아지면 하나님 곁을 떠나는 이가 많다는 사실이다. 처음에는 자신의 절박한 문제를 해결하기 위해 주님을 간절히 찾는다. 좋은 직장 구하고 싶고, 결혼해서 아기

낳고 싶고, 병 고치고 싶고, 이 빚 좀 제발 다 갚았으면 좋겠고, 자신의 절박했던 문제가 사라지면 정말 열심히 신앙생활 하겠다고 하지만 정작 문제가 해결되자마자 교회에 발길을 끊어버리는 사람을 나는 여럿 보았다.

지금의 현실에서 도망가려고 하지 말라. 내가 속한 환경이 더 나아지기만을 기다리지 말자. 고통받고 있는 이 삶의 현실을 포기하려고도 하지 말자. 하나님이 나를 바벨론과 같은 상황 속에 놓아두셔서 하늘의 영광을 보여 주시려는 분명한 뜻이 있음을 믿자. 하나님께 내 마음을 열면 하나님은 하늘문을 열어주신다. 인생의 감옥을 거룩한 장소로 바꿔주신다.

"주께서 내 원수의 목전에서 내게 상을 차려 주시고"(시 23:5).

바벨론에서 나를 지킨다는 것

바벨론의 왕으로 다니엘을 포로로 끌고 갔던 느부갓네살 왕은 아마 기고만장했을 것이다.

'흥, 자기 민족도 지켜주지 못한 신이 무슨 신이냐. 어떻게 자기 백성 하나 간수하지 못하면서 창조주라고 할 수 있는 거야? 이제부터는 우리 바벨론의 신이 너희를 지켜주는 신이다.'

포로들에게 바벨론의 신을 섬기라고 강요했던 느부갓네살의 행태를 보면, 느부갓네살 왕이 어떤 마음을 먹고 있었는지 충분히 짐작할 수 있다.

다니엘은 하나냐와 미사엘과 아사랴라는 세 친구와 함께 포로생활을 했다. 이들의 이름만 보더라도 이들이 유대의 왕족이나 귀족 출신이라는 것을 알 수 있다. 유대인의 이름 가운데 엘이나 냐, 야, 랴로 끝나는 것은 귀족과 왕족의 이름이었다. 하나님에 대한 충성스러움을 확증하기 위해 하나님과 관계되는 단어를 붙인 것이다. '엘'은 '엘로힘'을 뜻하는데, 여호와 하나님의 이름이다. '하, 나, 냐, 랴'로 끝나는 것은 '야훼를 본받겠다'는 뜻이다.

다니엘은 '하나님이 나의 심판자가 되신다'는 뜻이다. 하나냐는 '하나님은 참으로 은혜로우시다'는 뜻이다. 미사엘은 '하나님과 같은 분이 누가 있겠는가?'라는 뜻이다. 아사랴는 '하나님은 참으로 나의 도움이시다'라는 뜻이다.

그런데 느부갓네살 왕은 다니엘의 이름을 '벨드사살'이라고 바꿨다. '벨'은 당시 바벨론이 섬기던 신의 이름이었다. 그러니까 다니엘의 이름을 '벨이 나의 심판자다'라고 바꾼 것이다. 아사랴는 '아벳느고'로 바꿨는데, 이것은 '느고가 나의 신이다'라는 뜻이다. 당시 '느고'는 바벨론이 섬기는 두 번째 신이었다. 미사엘은 '메삭'으로 바꿨는데, 이 뜻은 '바벨론의 아쿠신과 같은 분이 또 있겠는가?' 하는 뜻이다.

바벨론 정권은 이렇게 유대인의 이름을 바꿔서 이들의 정체성을 흔들려고 했다. 하지만 그들은 소년들의 이름을 바꾸기는 했지만 이들의 마음까지 바꾸지는 못했다. 창씨개명을 했어도 다니엘과 세 친구들은 마음을 바꾸지 않았고, 오히려 뜻을 정했다.

뜻을 정한 사람

다니엘이 하나님 앞에 바로 서기로 뜻을 정하자마자 바로 공격이 들어왔다. 왕이 마시는 포도주와 왕이 마시는 기름진 음식을 먹으라는 것이었다.

> "다니엘은 뜻을 정하여 왕의 음식과 그가 마시는 포도주로 자기를 더럽히지 아니하리라 하고 자기를 더럽히지 아니하도록 환관장에게 구하니"(단 1:8).

바벨론 왕이 준 음식을 먹는다는 것은 단순히 음식을 먹는 것의 문제가 아니었다. 왕의 호의를 받아들이고, 왕의 주권과 왕의 통치를 인정한다는 뜻이었다. 하지만 다니엘은 왕이 음식을 주었을 때, 그 음식으로 자신을 더럽히지 않겠다고 마음을 정했다. 다니엘과 다니엘의 세 친구는 다른 사람들처럼 살지 않기로 작정했다.

> "청하오니 당신의 종들을 열흘 동안 시험하여 채식을 주어 먹게 하고 물을 주어 마시게 한 후에"(단 1:12).

다니엘은 기름진 고기와 포도주, 왕의 음식을 먹지 않고 물과 채식을 먹겠다고 한다. 자신을 더럽히지 않겠다고 한 것은 금욕주의를 뜻하는 게 아니다. 어떤 사람들은 이 말씀을 보고 하나님이 채식을 기뻐하는 게 아닌가 생각하는데 여기서의 핵심은 그게 아니다. 음식 문제가 핵심이 아니다. 주님은 음식이 우리를 더럽게 만들지 못한다고 말씀하셨다(막 7:18-19). 다니엘과 세 친구가 거부한 것은 음식 자체가 아니라 이방신이었다. 이방신들에게 바쳐진 음식이 자신을 더럽히는 음식이라고 생각했다. 대부분의 성경학자들은 이 음식이 우상인 이방신들에게 바쳐진 음식이었다는 것에 동의한다.

이방 왕이 주는 음식을 먹고 배가 불러 포만감에 빠지는 그 순간, 야훼 하나님의 백성이 가지는 자존심과 가치와 소중함이 급격히 쇠약해질 것을 다니엘은 알고 있었다. 다니엘과 세 친구는 왕의 진미와 포도주로 상징되는 바벨론 종교와 문화에 대한 동화를 거부하고 채식과 물로 상징되는 단순한 삶을 선택했다. 잘못된 포만감보다는 하나님의 도우심을 간절히 소망하겠다는 것이다. 자기 절제와 자기 부인을 선택했던 것이다.

우리가 여기서 한 가지 배워야 할 것은, 다니엘이 세상의 시험에 저항할 때 절대 난폭하거나 무례하게 굴지 않았다는 사실이다. 다니엘은 환관장에게 겸손히 청했고, 열흘 동안 시험기간을 두자고 지혜롭게 제안했다. 우리는 대부분 큰소리를 내야만이 자신을 지킬 것이라고 생각하지만, 하나님의 방법은 세상의 생각과는 다르다.

우상을 배격하고, 하나님에 대한 신앙을 지키는 문제는 목에 칼이 들어와도 지켜야 한다. 하지만 그때 다니엘처럼 겸손하고 지혜롭게 처신

하는 것이 중요하다.

　다니엘은 이방신과 문화를 배격하면서도, 3년 동안 바벨론의 학문을 연마해서 바벨론의 언어와 문명을 통달했다. 당시 바벨론제국이 앗시리아 제국을 멸망시키고 난 다음, 앗수르바니발이라는 세계적 도서관을 접수했는데, 다니엘은 그 도서관에 있는 모든 방대한 신화와 문화와 사회개혁과 점성술 등을 완전히 익힌 것으로 보인다. 그러면서도 신앙의 본질은 잃지 않았다.

　한참 복음 때문에 피가 끓던 젊은 대학 시절, 여러 친구들이 주일날 공무원시험이나 토익 시험 등을 볼 때, 그 시험 자체를 보지 않겠다고 결심한 친구들도 꽤 있었다. 그러나 이렇게 무조건 세상을 거부하는 것이 주님을 따르는 것은 아니라는 것이다. 우리에게는 다니엘의 지혜가 필요하다.

　월터 윙크는 『예수와 비폭력 저항』이라는 책에서 재미있는 표현을 하고 있다. 우리 그리스도인은 세상의 악에 대해서 '전투적 비폭력'으로 저항해야 한다는 것이다. 비폭력 앞에 '전투적'이라는 말을 붙인 것이 눈길을 끈다. 세상의 악에 저항하되 단순히 비폭력의 수준이 아니라 비폭력이 '전투적'일만큼 치열해야 한다는 것이다. 이것이 무슨 말인가? 필사적으로 기도하는 것이며, 결사적으로 자신의 신앙을 지키라는 것이다.

　요즘 취업이 어렵다고 한다. 청년들 중에는 이력서를 내고 기다리면서 적당히 기도하고 세상 탓하면서 시간을 죽이며 지내는 사람이 있다.

그러다 떨어지기라도 하는 날에는 기독청년의 자세를 무너뜨리면서 신앙인의 모습을 지켜내지 못하기도 한다. 하지만 전투적이 되는 사람은 막연하게 기다리지 않는다. 필사적으로 기도하고, 부족하다 싶으면 금식하고, 혼자해선 안 되겠다 싶으면 멘토에게 중보기도를 요청하고, 자신을 다시 준비시키면서 알차게 시간을 보낸다. 그렇게 행함을 통해 지혜롭게 방향을 잡아나간다.

로마 황제 가운데 칼리큘라라는 악질 황제가 있었다. 칼리큘라는 A.D. 12년에서 41년에 생존했는데 아주 교만하고 무례하며 못된 왕이었다. 그가 유대 총독으로부터 유대민족에 대한 보고를 받는 중에 유대민족은 로마황제가 아닌 하나님을 신으로 섬긴다는 말을 듣고 흥분했다. 그는 본때를 보여 주어서 유대민족의 기를 꺾어야겠다고 생각했다.

그는 예루살렘 성전 중앙에 자기의 신상을 가져다 놓고 유대민족으로 하여금 자신의 신상을 섬기게 하려고 계획하고 로마 사령관 페트로니우스와 로마 정예군단을 예루살렘에 파송했다. 페트로니우스 장군이 예루살렘에 도착했을 때는 파종기였다. 하지만 유대인들은 그 중요한 때에 일손을 놓고 평원에 집결해 페트로니우스에게 대면을 요청했다. 그리고 말했다.

"만일 당신이 무력과 강제로 황제의 우상을 예루살렘 성전에 세워야 한다면 그보다 먼저 할 일이 있습니다. 그것은 우리를 이 자리에서 모두 죽이는 일입니다. 왜냐하면 우리는 호흡이 있는 한 그 어떤 우상도 하나님의 성전에 세우는 것을 허락할 수 없기 때문입니다."

이 말을 듣고 페트로니우스 장군이 말했다.

"너희들은 너희들의 모습을 알고는 있느냐? 너희들이 무슨 힘이 있느냐? 너희들이 군대가 있느냐? 너희들의 처지가 어떠냐? 자신들의 열세를 쳐다보지도 않고 황제의 명령을 감히 거역한단 말이냐?"

유대민족은 이렇게 말했다.

"우리는 로마 황제와 싸울 만큼 강하지 못함을 잘 알고 있습니다. 그래서 우리는 전쟁을 벌일 수 없습니다. 대신 우리는 우리의 하나님을 배반하기보다는 차라리 죽음을 선택하겠습니다."

이렇게 말하고 난 뒤 유대인들은 땅에 엎드려 목을 내밀고 죽기를 자청했다. 페트로니우스 장군은 유대인의 비폭력 저항에 매우 충격을 받았다. 이럴 수도 저럴 수도 없었던 페트로니우스 장군은 결국 칼리큘라 황제에게 편지를 써서 보냈다.

"예루살렘 성전에 신상을 세우느니 차라리 모두 죽겠다는데 어떻게 하면 좋겠습니까?"

페트로니우스는 신상건립을 미루자는 편지를 여러 차례 보냈다. 그리고 그 와중에 칼리큘라가 죽었다.

하나님이 로마 황제보다 강하다는 믿음과 자신들의 조상들에게 보여주신 하나님의 사랑과 율법에 대한 확집(確執)은 아무런 무장을 갖추지 않은 힘없는 유대인들로 하여금 로마의 최정예 군대를 물러나게 했다. 요세푸스와 기타 저작에 보이는 이 역사 기록은 로마 최정예 군대의 사령관이었던 페트로니우스가 목숨을 건 유대인들의 이런 비폭력 저항에 얼마나 큰 충격을 받았는지를 잘 보여 준다.

이 지구상의 역사는 하나님의 뜻이라는 빌미로 얼마나 많은 폭력이 행해졌는가. 십자군 전쟁이 그랬고, 청교도들의 인디언 말살 정책이 그랬다. 하지만 주님의 방법으로 하지 않는 주님의 일은 다 거짓이다. 주님의 일을 한다고 하면서 사랑과 평화와 은혜로 하지 않고, 강요와 조정과 경쟁과 분열로 하는 것은 거짓이다.

세상에 휩싸이지 않으면서도 하나님의 뜻을 따르려는 그리스도인에게 필요한 것은 이런 비폭력 저항이며, 하나님의 사람은 하나님이 책임지실 것이라는 확신이다.

하나님의 자녀만이 뜻을 정할 수 있다

다니엘과 세 친구들은 부패한 바벨론 속에서 느부갓네살의 통치를 받으면서도 창조적인 탈출, 창조적 분리를 감행했다. 신약시대 용어로 말하자면 세상 속에서 빛과 소금으로 살아간 것이다.

하나님의 자녀로 이 세상에서 산다는 것, 곧 창조적 분리를 한다는 것은 온갖 세상의 유혹과 위협으로부터 영적인 지조와 절개를 지킨다는 말이다. 세상에 있으면서도 물들지 않은 거룩한 불복종과 저항의 영성을 길러 세상 속에서도 하나님의 자녀다움을 사수하는 것이다.

온갖 우상을 섬기는 세상 속에서 하나님의 자녀로 살아가기 위해서는 무엇보다 먼저 '나는 하나님의 자녀'라는 정체성을 확실히 세워야 한다.

그리고 그 정체성으로 세상이 돈에 절하라고, 스타에 충성하라고, 자식을 섬기라고 공격할 때 우리는 오직 하나님만을 섬기겠다고 선언하고 그 공격에 정면 돌파해야 한다.

"내가 누구인가 하는 것이 내가 무엇을 할 것인가를 결정한다"는 말이 있다. 내가 의사라면 사람을 살리면 된다. 내가 정치인이라면 나라를 잘 다스리면 된다. 내가 부모라면 자녀를 보살피고 가정을 잘 가꾸면 된다. 내가 그리스도인이라면 하나님을 진심으로 섬기고 그 말씀에 따르면 된다.

다니엘에게는 자신이 하나님이 택한 백성이라는 확실한 정체성이 있었다. 비록 나이는 어렸지만 자신은 세상과 구별하여 거룩하게 쓰시려고 작정해 놓은 하나님의 소유라는 분명한 확신이 있었다. 이런 확신이 없었다면, 다니엘이 왕의 진미와 포도주를 거부하기란 쉬운 일이 아니었을 것이다.

'나는 하나님이 선택한 사람이다', '나는 예수님의 제자다', '나는 예수님의 피 값으로 산 귀한 존재다'라는 자기 정체성과 소속감 없이는 남들과 다르게 살 수 없다.

다른 사람의 한마디 말에 그냥 허물어지는 사람인가? 세상의 바람이 불 때 그저 이리저리 요동하는 사람인가? 만약 그렇다면 그것은 하나님의 자녀라는 올바른 소속감이 없기 때문임을 인정해야 한다.

사람들은 그리스도인을 기독교인이라고 한다. 가톨릭에서는 개신교라고 부른다. 기독교라는 말은 영어로는 '프로테스탄트'를 뜻한다. 프로테스탄트라는 말은 '잘못에 대해 저항한다'는 뜻이다. 잘못된 흐름에 대해서 거룩한 용기를 가지고 저항해야 한다는 것이다. 조류에 아무런 저항 없이 휩쓸려 쓰레기 섬에 도달해선 안 된다는 것이다.

1525년 윌리엄 틴데일은 '만인제사장직'에 대해 눈을 뜨고 난 다음, 당시 라틴어로 기록된 성경을 영어로 번역하기 시작했다. 당시 라틴어 성경은 가톨릭의 신부들이나 수사들의 전유물이어서, 일반 평신도들은 성경을 읽을 수조차 없었다. 일반 서민들도 다 읽을 수 있는 성경을 만들자는 생각에서 영어로 번역하기 시작한 것이다. 여러 동료들도 합류했다.

이 사실을 알고 로마 가톨릭에서 핍박해 오기 시작했다. 일반 사람들이 성경을 알면 상황이 복잡해진다는 것이 이유였다. 그래도 윌리엄 틴데일이 뜻을 굽히지 않자, 결국은 그를 잡아 고문하고 화형을 집행했다.

1611년, 제임스 왕은 윌리엄 틴데일의 유지를 받들어 47명의 번역자들과 함께 오랜 시간 동안 번역해서 윌리엄 틴데일의 영어 성경 번역을 마무리했다. 그 번역본이 바로 킹제임스 버전이다. 장중한 문체와 간결하고 힘 있는 표현, 생생한 이미지와 유려한 리듬감으로 영어 산문에서 가장 숭고한 금자탑으로 평가받는다. 그리고 이 흠정역은 역사적, 사회적, 종교적 의미를 지닐 뿐만 아니라 문학적 가치로도 오랜 세월 큰 사랑을 받고 있다.

하나님의 말씀을 일반사람들도 모두 제대로 읽고 함께 은혜를 나누도록해야 한다는 틴데일의 거룩한 저항 정신이 이 놀라운 업적을 이룬 것이다.

뜻을 정한 자의 결과

뜻을 정해 바르게 산 사람들에게 하나님은 아름다운 영향력을 주신다.

> "하나님이 다니엘로 하여금 환관장에게 은혜와 긍휼을 얻게 하신지라"(단 1:9).
>
> "하나님이 이 네 소년에게 학문을 주시고 모든 서적을 깨닫게 하시고 지혜를 주셨으니 다니엘은 또 모든 환상과 꿈을 깨달아 알더라"(단 1:17).

하나님은 뜻을 정한 다니엘에게 은혜를 베풀어 환관장이 다니엘의 제안에 동의하게 해주셨고, 세상이 주는 산해진미와 고기와 포도주 대신에 하나님이 주시는 채식과 물로도 더욱 지혜롭고도 아름다운 사람이 될 수 있다는 것을 증명하셨다. 모든 학문과 재주에 명철하게 하셨고 환상을 깨닫게 하셔서 69년 동안 왕궁의 리더십으로 영향력을 끼치게 하셨다.

바벨론의 힘이 막강하여 내 이름마저 바꾸어 버릴지라도 우리가 우리의 신앙을 더럽히지 않겠다고 뜻을 정한다면 우리는 바벨론의 세력을 이겨나갈 수 있을 것이다.

오늘부터 다르게 사는 은혜로 무장하라. 세상이 왕의 진미로 유혹할 때 정직의 방망이로 쳐내라. 감사의 그물로 덮어버리라. 그리고 하나님이 눈동자처럼 아끼는 자로서의 정체성을 확인하라. 그럴 때 박진감 넘치는 신앙생활이 시작되고, 우리의 영적 인생은 다시 한 번 시대를 향한 영향력의 은혜로 거룩한 도약을 할 수 있을 것이다. 우리가 뜻을 정하기만 한다면, 주님이 싸워 이길 수 있는 힘을 주신다. 주님만이 우리의 심판자가 되신다.

예수님이 우리를 구원하시기로 정하신 뜻에 따라 하늘의 영광된 자리를 버리시고 타락한 이 땅에 내려오셔서 죽기까지 낮아지셨다. 우리가 그 주님의 크신 은혜를 기억할 때 바벨론의 압제에 굴복하지 않고 주님을 섬길 수 있다.

❧ 뜻을 정한 자의 기도

사랑의 주님,

제가 세상에서 살지만 하나님의 자녀로 살겠다고 뜻을 정하게 하시니 감사합니다. 다니엘과 세 친구들이 바벨론 포로 상태에서도 그들의 힘과 유혹에 거룩한 저항과 창조적 분리를 감행하여 영적 지조를 지켜냈던 것처럼 저희도 세상 속에서 빛과 소금으로 살겠습니다. 세상의 유혹과 불의에 물들지 않은 거룩한 불복종과 저항의 영성을 발휘하겠습니다. 그럼으로써 세상 속에서도 하나님의 자녀다움을 사수하겠습니다. 바벨론에서 다니엘에게 열어주었던 하늘문을 저에게도 열어주옵소서. 어떤 힘든 상황에 처해도 뜻으로 세운 하나님 백성으로서의 정체성을 잊지 않겠습니다. 더 이상 원망하지 않겠습니다. 도망가지 않겠습니다. 정면 돌파하겠습니다. 제 몸을 절망이나 미움이나 원망으로 더럽히지 않겠습니다. 바로 이 삶의 자리에서 하나님을 보고 하나님을 만나겠습니다. 주님의 뜻을 볼 수 있는 믿음의 눈을 열어주시옵소서. 예수님의 이름으로 감사하며 기도드립니다. 아멘.

시험당하고 있는가? *정면 돌파* 하라!

02 시험이 없는 신앙생활은 없다
풀무불 속의 세 친구(1) (단 3:1-18)

우상숭배에 정면 도전하다

느부갓네살 왕은 다니엘이 들려준 꿈 해석을 듣고 '하나님의 위엄'에 놀라기는 했지만, 전적으로 부패한 인간이 되어서 하나님 앞에 무릎 꿇지는 않았다. 그는 하나님의 시나리오대로 되는 것이 싫었다.

그래서 그는 금 신상을 만들었다. 두라 평지에 거의 30미터나 되는 큰 금 신상을 만들어놓고 모든 백성으로 하여금 거기에 절하도록 강제했다. 127도나 되는 모든 지방의 관장들을 다 모아놓고는 낙성식을 열었다. 요즘 식으로 말하면 도지사, 지방 경찰청, 법원장, 검사장, 심지어 전경련회장, 신문사 사장까지 다 모이라고 한 셈이다 (단 3:1-12).

"너희는 나팔과 피리와 수금과 삼현금과 양금과 생황과 및 모든 악기 소리를 들을 때에 엎드리어 느부갓네살 왕이 세운 금 신상에게 절하라"(단 3:5).

이것은 마치 국가의식을 치르는 것처럼 보이지만, 사실은 종교의식이었다. 3장에는 "절한다"는 말이 열한 번 이상 반복된다.

우리나라가 일본제국의 통치를 받을 때, 신사참배를 강요받았던 것을 생각하면 이해하기가 쉬울 것이다. 당시 우리나라 사람들은 기미가요를 틀어놓고 신사참배를 했다.

요즘도 북한의 평양에서는 김일성 '시신참배'를 한다. 나는 미국에 있을 때 평양을 방문했던 적이 있다. 평양 공산당원들이 방문단의 일거수일투족을 다 감찰하고 있기 때문에, 시신참배를 안 한다는 게 말처럼 쉬운 일이 아니었다. 함께 방문했던 목사님들과 이야기 나누어 보니 모두들 "시신참배는 일제시대의 신사참배와 같은 것이다. 이것은 우리의 영적 생존 문제이니만큼 절대 절할 수 없다"는 의견들이었다. 당연히 결론은 시신참배를 안하는 것으로 모아졌다. 그런데 막상 시신참배의 장소에 도착하니 마치 누군가 내 뒤통수를 개머리판으로 탁 칠 것처럼 온몸이 오그라들었다.

그때의 심정을 떠올려 보면 다니엘의 세 친구 사드락과 메삭과 아벳느고가 금 신상을 앞에 두고 어떤 심정이었을지 조금은 이해가 된다. 다니엘의 세 친구 앞에 닥친 고난은 우리가 평양에서 겪었던 것보다 훨씬 강도가 셌다. 이미 형벌이 공표되었기 때문이다.

"누구든지 엎드려 절하지 아니하는 자는 즉시 맹렬히 타는 풀무불에 던져

넣으리라 하였더라"(단 3:6).

하지만 다니엘의 세 친구는 절하지 않았다. 다니엘과 세 친구는 우상을 못 본 척, 못 들은 척 의뭉스럽게 피해가지도 않았다. 하나님이 지켜 주시리라는 확신을 가지고, 우상 숭배 앞에서 정면으로 부딪혔다.

다니엘의 세 친구는 유대사람으로서 어렸을 때부터 훈련받은 대로 나 외에 다른 신은 섬기지 말라는 십계명의 말씀을 지켰다. 그들은 하나님을 경외하는 자는 하나님이 지키실 것이라는 믿음을 가지고 있었다.

"야곱아 너를 창조하신 여호와께서 지금 말씀하시느니라 이스라엘아 너를 지으신 이가 말씀하시느니라 너는 두려워하지 말라 내가 너를 구속하였고 내가 너를 지명하여 불렀나니 너는 내 것이라 네가 물 가운데로 지날 때에 내가 너와 함께할 것이라 강을 건널 때에 물이 너를 침몰하지 못할 것이며 네가 불 가운데로 지날 때에 타지도 아니할 것이요 불꽃이 너를 사르지도 못하리니"(사 43:1-2).

우리는 다니엘의 세 친구 이야기를 들으면서, 언제나 그들의 굳건한 믿음에 환호성을 올린다.

"아, 대단해. 정말 대단해! 풀무불에 던져질 게 뻔한데도 꿋꿋이 신앙을 지키다니…."

하지만 하나님은 우리의 환호성과 감탄사를 듣기 위해서 이 이야기를 기록해 놓으신 것이 아니다. 우리도 이와 같은 믿음을 소유하라고 이 이야기를 들려주시는 것이다. 지금은 믿음의 이야기를 듣고 박수칠 때가 아니라, 그들의 믿음을 가져야 할 때다.

그렇다면 이 시대의 금 신상은 어떤 것일까? 다니엘 시대처럼 30미터나 되는 거대한 금신상은 아닐 것이다. 이 시대의 우상은 신주단지와 같이 눈에 보이는 우상이 아니라 눈으로 드러나 보이지 않는 것이다. 이 시대에 우리가 하나님보다 더 사랑하는 나만의 우상은 좀 더 까다롭고 더 은밀하게 감춰져 있다. 신념도, 지식도, 가족도, 애인도 우상이 될 수 있다. 더 좋은 차, 더 멋있는 집, 상한가를 치고 있는 주식, 나를 미치도록 사랑해 주는 매력적인 이성…. 이런 것들이 우리의 심장을 뛰게 만든다면 그것이 바로 우상이다. 육신으로 머리 숙이고 무릎 꿇고 절하지 않아도 우리의 내면이 고개 숙이는 것이 있다면, 혹하고 자신도 모르게 빠져드는 것이 있다면 그것이 바로 '우상'이다.

대표적인 이 시대의 우상은 광고다. 텔레비전을 타고 공격하는 소비의 정신이다. 스타 연예인들과 인터넷과 동영상을 타고 우리를 부추기며 화려해지고 싶은 욕망을 끓어 오르게 한다.

또한 남녀 간의 치명적인 매력, 특별히 성적 매력도 이 시대의 사람들을 불태운다. 젊은이들은 치명적인 성적 유혹을 받으면 육욕에 불이 붙어 더 이상 맑고 순수한 생각을 할 수 없게 된다. 그래서 때때로 불가마 속에 있는 것과 같은 경험을 하게 되는 것이다. 그 불이 우리를 삼킨다. 그 욕망의 불이 성적 매력의 우상에 절한 인생을 평생 괴롭힐 수 있다. 수많은 남녀가 하나님 없이 서로가 우상이 되어 치명적인 매력에 함몰될 때 그것이 불타는 용광로가 되어 인생을 녹여버린다.

그러나 하나님을 신뢰하면 불같은 욕정이 내면의 영역으로 들어가서 순종을 배우게 되고, 상황을 제대로 판단하고, 사물을 올바로 보게 된다. 하나님의 말씀과 약속, 신뢰가 내 삶의 기초를 이루고 있다면 더 이상 소유나 매력 등과 같은 이 시대의 우상에 치명적인 피해를 입지 않는다. 사람들에게 얽매이지 않으며 세 친구가 증명한 영적 자유 안에 이르게 된다.

불 시험은 신앙을 고백하는 기회

"그때에 어떤 갈대아 사람들이 나아와 유다 사람들을 참소하니라 그들이 느부갓네살 왕에게 이르되 왕이여 만수무강 하옵소서"(단 3:8-9).

이처럼 믿는 자들을 참소하는 사람들이 꼭 있게 마련이다. 이렇게 참소하는 인간들 때문에 많은 사람들이 죽어나가고 어려움을 당한다.

느부갓네살 왕은 노하고 분해서 사드락과 메삭과 아벳느고를 끌어오라고 했다(단 3:13). 죽이려고 보니, 이들이 국가 최고의 자문가들이었다. 왕은 차마 그들이 아까워서 죽이지 못하고, "딱 한 번만 절하라"고 달래기 시작했다.

하지만 세 친구는 거부했다. 세 친구는 느부갓네살의 치명적인 요구에 정면 돌파를 선택했다. 피하지 않았다. 그들은 단 한 번의 승낙이라도 결국은 그들을 하나님으로부터 떠나게 할 것임을 알았다. 한 번 절하면 계속 절해야 한다는 것을 알았다. 치명적인 매력에 속아 한번 들어가면 계속 그들의 종으로 살아야 하는 것이다.

이들이 말을 듣지 않으니까 전 세계를 호령하던 느부갓네살 왕은 교만해져서 큰소리쳤다. 하나님의 이름을 망령되이 일컬었다.

"너희가 만일 절하지 아니하면 즉시 너희를 맹렬히 타는 풀무불 가운데에 던져 넣을 것이니 능히 너희를 내 손에서 건져낼 신이 누구이겠느냐"(단 3:15).

다니엘과 세 친구에게 불 시험이 닥쳤다. 대개의 성경학자들은 이들이 이런 시험을 받았을 때는, 바벨론 포로로 끌려온 지 20년쯤 지나서, 그러니까 그들이 30대 후반쯤 되었을 때 일어난 일이라고 추측한다.

시험이 없는 신앙생활은 없다. 성도에게는 반드시 불 시험이 온다. 예수님을 믿어도 우리는 타락한 문화의 유혹을 받을 수 있고, 중독에 빠질 수도 있다. 무능하고 타락한 상사들 때문에 어려움을 겪기도 하고, 말로 다 할 수 없는 비참한 경제적 어려움을 겪을 수도 있다.

왜 믿는 자에게 이런 시험이 오는가. 그것은 주님이 우리의 믿음을 불로 연단하기 위해서이다.

"너희 믿음의 확실함은 불로 연단하여도 없어질 금보다 더 귀하여 예수 그리스도께서 나타나실 때에 칭찬과 영광과 존귀를 얻게 할 것이니라"(벧전 1:7).

마귀는 우리를 넘어뜨리려고 시험하지만, 하나님은 우리 믿음의 근육을 강화시키고 영적 성숙을 위해 우리를 시험하신다.

시험이 오면 영적으로 어리고 믿음이 제대로 자라지 못한 사람들은 넘어지게 되어 있다. 젊어서 한때 열심히 신앙생활 하다가 교회와 교인들과 직분자들을 비판하면서 교회를 떠나는 사람들도 많다.

하지만 이런 시험을 당할 때 제대로 된 믿음은 오히려 영적으로 깊은 뿌리를 내리며 열매를 맺는다. 주님과 더 깊은 관계를 맺고 하나님께 더욱 영광을 올려드리는 것이다.

이런 면에서 한동대 김영길 총장의 이야기는 우리에게 진정한 믿음이 무엇인지 가르쳐 준다. 안정된 카이스트를 떠나 찬란한 꿈을 품고 시작했던 한동대 개교 준비. 그러나 설립자의 기업이 문을 닫게 되자 자금 출연이 어려워지면서 많은 빚을 떠안게 되었다. 한동대 개교 이후 김영길 총장은 검찰, 법원, 경찰서, 노동청 등에 80여 차례나 출두하는 고초를 당했다. 재정업무를 맡은 부총장은 채무자에게 멱살잡이를 당하고 학교 식당에서 무릎을 꿇기도 했으며, 김 총장은 감옥에 갇히기도 했다. 선한 일을 하려다가 오히려 재정횡령혐의로 구속까지 당한 것이다. 그는 1심 재판에서 징역 2년을 선고받았다. 수감 후 첫 면회에서 김영애 사모는 남편에게 말했다.

"당신이 그 안에서 아무것도 할 수 없으니 하나님께서 더 바쁘시게 일하신답니다. 하나님께서 당신을 이 안에 있으라고 하는 날까지 느긋한 마음으로 계세요."

"나도 그렇게 마음먹고 있소. 하나님을 사랑하는 자, 그 뜻대로 부르심을 입은 자에게는 모든 것이 합력하여 선을 이루실 거요. 지금까지 너무 바쁘게 지냈으니 이제 이곳에서 하나님을 가까이서 만나야겠소."

불같은 시험을 만날 때에도 하나님께 맡기고 믿음으로 기다리는 것,

이것이 바로 믿음의 정수가 아닐까?

우리는 시험이 왔을 때 이상하게 여기면 안 된다.

"사랑하는 자들아 너희를 연단하려고 오는 불 시험을 이상한 일 당하는 것 같이 이상히 여기지 말고"(벧전 4:12).

시험을 당하는 것보다 더 중요한 것은 우리가 어떻게 반응하느냐이다. 아무리 사악한 통치자가 다스리고, 타락한 문화가 유혹한다 하더라도 하나님의 다스림을 받는 사람은 흔들리지 않는다.

다니엘과 세 친구처럼 하나님만 바라보고 살아가는 사람들에게는 신앙을 고백할 환경이 주어진다. 불 시험이 왔을 때가 나의 신앙을 고백할 수 있는 때이므로 오히려 기뻐해야 한다.

하지만 혼자서는 시험을 이겨내기 힘들다. 다니엘과 세 친구는 서로 영적으로 격려하고 일치단결하여 신령한 강철대오를 이뤄 느부갓네살의 악한 명령과 구조적인 위협에 대항했다. 세상의 구조악과 타락한 세력과의 싸움에는 믿음을 격려하는 공동체적 신앙의 우정이 필요하다. 산유화처럼 홀로 피어 자라는 유약한 경건으로는 세상의 악과 대결할 수 없다. 원시림 속에서 자라는 큰 숲에서만 큰 재목이 나온다.

세 친구는 하나님의 이름을 망령되이 여기지 아니하고 왕께 이렇게 대답했다.

"느부갓네살이여 우리가 이 일에 대하여 왕에게 대답할 필요가 없나이다 왕이여 우리가 섬기는 하나님이 계시다면 우리를 맹렬히 타는 풀무불 가운데에서 능히 건져내시겠고 왕의 손에서도 건져내시리이다"(단 3:16-17).

세 친구는 풀무불에 떨어진다 해도 하나님이 우리를 건져주실 것이라고 확신했다. "보라 하나님은 나의 구원이시라 내가 신뢰하고 두려움이 없으리니 주 여호와는 나의 힘이시며 나의 노래시며 나의 구원이심이라"(사 12:2).

이 확신이 얼마나 분명했는지 히브리서 11장에서 믿음의 영웅들의 족보에도 이 믿음의 싸움이 기록되어 있다. "불의 세력을 멸하기도 하며 칼날을 피하기도 하며 연약한 가운데서 강하게 되기도 하며 전쟁에 용감하게 되어 이방 사람들의 진을 물리치기도 하며"(히 11:34).

세 친구는 불의 세력을 멸한 장본인이었다.

너의 자아는 지금 죽었는가?

그러나 여기서 더 나아가 세 친구들은 또 이렇게 고백했다.

> "그렇게 하지 아니하실지라도 왕이여 우리가 왕의 신들을 섬기지도 아니하고 왕이 세우신 금 신상에게 절하지도 아니할 줄을 아옵소서"(단 3:18).

당장 구원받지 못하고, 당장 해결받지 못하며, 당장 표 나는 은혜가 없다 하더라도 하나님 앞에서 신앙고백을 지켜나가리라는 고백이다. "그리 아니하실지라도"라는 고백 속에는 하나님을 따르는 자로서 대가를 지불하겠다는 태도가 담겨 있다. 예수님 때문에 내가 손해를 보겠다는 것이다. 내 목숨마저 내놓고 정면 돌파하겠다는 뜻이다. 당신은 지금 무엇을 내놓을 수 있는가? 당신의 자아라도 내놓을 수 있는가?

지난 수천 년 동안 내려온 신앙의 역사 가운데, 특별히 신약교회에 와서는 수많은 순교의 대가를 치러야 했다. 당장 순교당하는 것은 그래도 낫다. 많은 시간들을 두고 계속 고문당하고, 상처받고, 아픈 것은 너무나 견디기 어려운 일이다. 그러나 하나님의 사람들은 이런 값을 치르는 데 기꺼이 참여했다. 수많은 순교자들이 동일한 대가를 지불했다.

필립 샤프가 쓴 교회사 가운데 이런 내용이 나온다.

"수많은 그리스도인들이 뜨겁게 달궈진 쇠사슬에 묶여 지글지글 살타는 냄새가 진동했다. 어떤 사람들은 채찍에 맞아 뼈가 드러날 지경이 되었다. 순결한 처녀들이 포악한 검투사들이나 사악한 포주들에게 넘겨지기도 했다. 수백 명의 회심자들은 벌겋게 달은 쇠사슬에 발이 묶인 채로 탄광으로 직행했다. 어떤 사람들은 눈알이 튀어나오기도 했다. 불이 천천히 타는 바람에 온몸을 뒤틀며 고생하는 사람들도 있었다. 관절과 관절이 꺾어지고 비틀어지는 사람도 있었다. 소금과 초를 쏟아 부어 목구멍에서 피를 콸콸 쏟아내는 사람들도 있었다. 하루 종일 며칠 동안 계속해서 고문당하는 사람들도 있었다. 주님을 사랑하기 때문에, 진실된 신앙고백으로 이런 고통을 신음소리도 내지 않고 견뎌냈다."

초기 그리스도인들의 고통에 비하면, 지금 우리가 당하는 고난은 대단한 것도 아니다. 돈을 조금 더 벌지 못하는 것, 자존심이 약간 상하는 것, 승진할 수 있는 기회를 놓치는 것, 잘난 척하고 활개치고 다니지 못하는 것, 친구들 사이에 인정받지 못하는 것 등으로 우리는 괴로워한다. 하지만 "그리 아니하실지라도"는 내가 손해를 보는 것보다 더 중요한 고백의 의미를 담고 있다. 그것은 '자아'가 죽어도 괜찮다는 고백인 것이다.

조지 뮬러(1805-1898)는 50년이 넘도록 수천 명의 고아들에게 집과 음식을 주는 일을 하며 하나님께 쓰임 받았다. 나이가 들어 고아원 사역을 감당하기가 힘들어지자 그는 만 70세에 그 일을 그만두었다.

하지만 그것으로 인생을 끝내지 않았다. 조지 뮬러는 70세부터 10년 동안 순회 전도단을 조직해 복음을 전하고 다녔다. 전도하며 다닌 나라만 42개국이었고, 30만 킬로미터 이상을 여행하며 수많은 사람들에게 하나님의 말씀을 전했다. 조지 뮬러가 활동하던 당시에는 요즘처럼 비행기도, 마이크나 확성기도 없었다. 사람들이 그에게 물었다.

"어떻게 당신은 영적으로 그렇게 대단한 일을 할 수 있습니까? 당신으로 하여금 그런 대단한 일을 하도록 하는 비밀은 무엇입니까?"

사람들의 질문에 조지 뮬러는 이렇게 대답했다.

"제가 완전히 죽은 날이 있었습니다. 나의 의견, 나의 좋고 싫음, 나의 취향, 나의 의지, 이 세상의 모든 것들이 죽은 날이 있었습니다. 친구나 사랑하는 가족에게 인정받으리라는 생각조차 죽은 날이 있었습니다. 그 날 이후 저는 오직 하나님 한 분, 그분의 뜻만을 가장 중요하게 알고 그 분 뜻에 따라 살아오고 있습니다."

그렇다. 내가 신앙인이라면 나의 자아가 죽어야 할 날이 반드시 온다. 그것은 삶의 위기로만 다가오는 것이 아니다. 어쩌면 날마다 우리 자신을 십자가에 못 박아 우리의 욕심과 정욕을 죽여야 할지도 모른다. 하나님이 우리 자아가 죽도록 하시는 방법은 여러 가지가 있겠지만, 우리의 자아가 죽는 순간 우리의 고백은 한결 같을 것이다.

"그리 아니하실지라도! 내 뜻은 버리고 주님 뜻대로 살게 하옵소서. 살든지 죽든지 주님 뜻대로 하시옵소서."

우리 시대 가장 영향력 있는 신학자인 칼 헨리는 순종의 길에 대해 이런 말을 했다.

"거듭나지 못한 세상 속에서 제자들도 예수님처럼 세상과 달리 살아가야 합니다. 세상처럼 행동하고, 세상처럼 생각하면 세상은 여러분을 반겨줄지 모릅니다. 하지만 그리스도인으로서 세상과 달리 살아갈 가능성은 전혀 없습니다. 참으로 성령 안에서 살아간다면, 세상은 우리를 이상한 인간으로 취급할 것입니다. 초대교회 성도들을 대했듯이 말이지요."

이 순종과 죽음의 선언이 바로 생명으로 가는 문이 된다. 죽도록 하나님의 뜻을 행하는 것은 결국 생명으로 들어가는 문이 된다. 예수님께서 말씀하셨다.

"누구든지 자기 목숨을 구원하고자 하면 잃을 것이요 누구든지 나와 복음을 위하여 자기 목숨을 잃으면 구원하리라"(막 8:35).

이 마음 때문에, 북한 지하 교회 성도들은 죽음도 마다하지 않고 믿음을 지켜나가고, 이슬람 정권 아래 있는 성도들은 죽음을 두려워하지 않고 신앙의 길을 가는 것이다.

내가 20년 전에 교회를 개척하려고 할 때, 신앙의 선배 한 분이 내게 이런 글귀를 적어 주었다.

"아사교회생(我死敎會生) 아생교회사(我生敎會死)"

내가 죽으면 교회가 살고, 내가 살면 교회가 죽는다는 뜻이다. 나는 이 글귀를 보면서 참으로 맞는 말이라고 생각했다. 주님의 교회는 죽는 사람들이 일어나는 곳이다. 자기 죽음을 선언하는 사람들이 주님의 교회를 섬겨야 하는 것이다.

요한 웨슬리는 영국을 공산화로부터 막은 사람들 중에 한 명이다. 그는 늘 이런 말을 했다. "하나님, 저에게 하나님만을 전심으로 사랑하고 죄 외에는 아무것도 두려워하지 않는 사람 백 명만 주십시오. 그러면 영국을 뒤집어놓겠습니다. 하나님, 저에게 하나님을 전심으로 사랑하고 죄 외에는 아무것도 두려워하지 않는 사람 백 명을 주십시오. 그러면 주님께 세상을 드리겠습니다."

이런 웨슬리의 말을 듣고 1837년 감리교 사역자인 제임스 칼버트, 존 허트, 토마스 제이거, 세 사람이 영국에서 피지를 향해 출항했다. 그들은 요한 웨슬리의 기도 응답이었다. 피지로 항해하는 배의 선장은 영국인 사역자 부부들의 마음을 돌려놓기 위해 안간힘을 썼다. 그는 칼버트에게 말했다.

"식인종 틈에 들어가면 당신은 물론 함께한 사람들의 목숨이 위태로

울 것이오."

그러자 칼버트가 대답했다.

"우리는 배에 오르기 전에 이미 죽었습니다."

요한 웨슬리와 세 사람의 선교사는 우리에게 헌신이 무엇인지 일깨워 준다. 하나님을 사랑하고 죄를 두려워하는 것이야말로 타락한 세상에서 순종하는 그리스도인으로서 승리하며 살아가는 열쇠이다.

이들은 19세기의 다니엘과 세 친구였다. 20세기 한국의 주기철 목사님과 손양원 목사님 역시 다니엘과 세 친구의 후손들이다. 과연 21세기에는 누가 다니엘과 세 친구의 후손이 될 것인가.

하나님은 오늘도 우리를 굽어보시며, '그리 아니하실지라도' 자기 죽음을 선언하고 대가를 지불하겠다는 하나님의 사람들을 찾으신다. 살든지 죽든지 주님의 뜻대로 살겠다고 고백하며 정면 돌파해 나가는 사람들을 찾으신다. 오늘 이 고백이 우리의 고백이 될 수 있다면, 하나님이 영광을 거두어 주실 것이다.

☙ 자아가 죽은 자의 기도

살아 계신 하나님 아버지,
우리가 죽어야 교회가 산다고 했습니다. 자아가 죽을 때 하나님의 영광과 능력이 드러난다고 했습니다. 그러나 나는 나의 영광을 얻기 위해 얼마나 노력했는지 모릅니다. 세상처럼 행동하고, 세상처럼 생각하며 살았습니다. 세상은 나를 반겨 주었는지 모르지만 그리스도인으로서 세상과 다르게 살아가지 못했습니다. 하나님, 저의 자아를 죽여주옵소서. 저의 모든 욕구를 내려 놓을 수 있도록 도와주옵소서. 어떤 불 시험 앞에서도 저의 중심이 하나님께 대한 지조와 절개를 지키겠습니다. '그리 아니하실지라도'의 믿음을 주옵소서. 그리하여 하나님을 전심으로 사랑하고 죄 외에는 아무것도 두려워하지 않는 사람으로서 세상을 변화시키고 구원하는 자로 쓰임 받게 하옵소서. 세상에 나가기 전에 이미 죽은 자가 되게 하소서. 그래서 다니엘처럼, 주기철 목사님처럼, 손양원 목사님처럼 21세기를 사는 다니엘과 세 친구가 되게 하옵소서. 하나님께 영광 돌리는 자로 세워 주옵소서. 예수님의 이름으로 기도합니다. 아멘.

03 "그리 아니하실지라도"의 기적
풀무불 속의 세 친구(2) (단 3:19–30)

칠 배나 더하리라

다니엘의 세 친구가 "금 신상에 절하지 않겠다"고 선언하자, 더 끔찍한 일이 벌어졌다. 자신을 철저히 모욕했다고 느낀 왕은 화가 잔뜩 나서 그 풀무불을 칠 배나 더 뜨겁게 하라고 명령했다.

> "느부갓네살이 분이 가득하여 사드락과 메삭과 아벳느고를 향하여 얼굴빛을 바꾸고 명령하여 이르되 그 풀무불을 뜨겁게 하기를 평소보다 칠 배나 뜨겁게 하라 하고"(단 3:19).

사실 고통을 더하려면 풀무불 온도를 적당히 뜨겁게 해야지, 무지막지하게 뜨거우면 고통을 느낄 새도 없이 녹아버린다. 이렇게 느부갓네살 왕처럼 감정이 복받치면 판단 능력이 마비되고 만다.

왕의 명령을 따라 군대 중 용사 몇 사람이 다니엘의 세 친구를 결박하여 옷을 입은 채로 극렬히 타는 풀무 가운데 던졌다(단 3:20-21).

풀무불은 철광석을 녹이는 데 사용한다. 풀무불의 맨 꼭대기에 연료와 광석을 넣는 곳이 있고, 바닥 입구로는 제련된 금속을 꺼내었다. 그 풀무불이 얼마나 뜨거웠던지 세 친구를 풀무불로 데려갔던 군사가 타 죽었을 정도였다(단 3:22). 세 친구는 결박된 채 맹렬히 타는 풀무불 가운데 떨어졌다(단 3:23). 이 세 친구는 하나님을 배신하지 않고 하나님의 말씀에 순종하고자 했으나 결국 순교의 위험에 처하고 만 것이다.

하나님 앞에 철저히 결단하고 순종할 때, 세상 사람들은 더 못마땅하게 여기고 극히 미워한다. 이 세상의 사고방식은 하나님의 뜻과 반대되기 때문에 그렇다. 세상 권력자들에게 박해를 받았던 예수님은 이렇게 말씀하셨다.

"사람들이 나를 박해하였은즉 너희도 박해할 것이요"(요 15:20).

우리가 하나님 앞에서 순교의 결단을 하고 애를 쓸 때, 우리는 풀무불에 던져지거나 증오와 맞닥뜨릴 수가 있다. 어둠은 빛을 이해하지 못한다. 그래서 핍박한다. 십자가를 밟지 않고 지나가는 자를 죽인다. 주일날 교회에 가려는 사람들을 유혹하고 그래도 가는 자는 미워하고 따돌린다.

지금 이 시대에도 그리스도인들의 순교 이야기는 끊임없이 들려오고 있다. 최근에 심장이 오그라들 것처럼 너무 가슴 아픈 순교 이야기를 들었다. 터키의 수도 앙카라에서 500킬로미터쯤 떨어진 지방도시 말라키 아이에서 생긴 일이다.

킬만 게스케 선교사(46세), 터키 현지의 목사 레자키 아이든(36세), 평신도 우루 육셀(32세), 이 세 명이 함께 모여 성경공부를 하고 있었다. 그때 갑자기 이슬람 과격파 청년 다섯 명이 총과 칼과 밧줄을 들고 들이닥쳤다.

이 청년들은 세 시간이 넘도록 세 그리스도인들을 의자에 밧줄로 묶고는 끔찍하게 고문했다. 킬만 선교사는 156번이나 칼에 찔렸다. 레자키 목사는 99번이나 찔렸다. 우루 형제는 셀 수 없을 만큼 많이 찔렸다. 청년들은 이 세 사람의 배를 갈라 창자를 꺼내 조각조각 잘랐다. 손가락도 자르고, 코와 입과 항문과 생식기를 도려냈다. 가장 심한 것은 다른 형제가 당하는 고통을 지켜보게 한 것이었다. 마지막에는 양쪽 귀에 이르기까지 목을 잘랐다. 청년들은 이 모든 광경을 휴대폰으로 녹화까지 했다.

이 청년들은 나중에 경찰서에 붙잡혔는데 나이는 열아홉 살에서 스무 살 남짓 되었다. 그들에게 왜 이런 일을 했냐고 물었을 때 그들은 알라신에 대한 사랑과 기독교에 대한 증오감 때문이라고 말했다.

레자키 목사의 장례식은 그가 기독교 신앙에 입문했던 터키 제3의 도시 이즈미르에서 열렸다. 그 장례식에는 터키에 있는 수백 명의 그리스도인들이 죽음의 위험을 무릅쓰고 참석했다. 자신들이 그리스도인들이라는 것이 공개적으로 드러나면 언제 어디서 과격파의 공격을 받게 될지 모르는 일이었다. 하지만 그들에게는 그런 위험이 아무것도 아니었다. 레자키 목사의 부인인 셈사 사모는 이렇게 말했다.

"남편의 죽음은 참 뜻이 깊습니다. 왜냐하면 그는 그리스도를 위해 죽었고 그리스도를 위해 살았기 때문입니다. 남편은 하나님의 선물이었고 나의 삶에 그가 있었다는 것이 자랑스럽습니다. 나는 영광의 면류관을 쓴 것처럼 느끼고 있습니다. 나는 이제 남편의 순교의 영광에 합당한 삶을 살기 원합니다."

터키 주요 신문의 전면에는 킬만 선교사의 부인인 수잔 킬만과의 기자 회견 모습과 함께 기사가 실렸다. 기자들은 이렇게 기사를 썼다.

"그녀는 복수를 원하지 않았다. 그녀는 이렇게 기도했다. '오 하나님, 저들을 용서하여 주십시오. 저들이 하는 일을 모릅니다.'"

나는 이 기사를 읽으면서 생각했다. 예수님이 십자가에 못 박혀 돌아가시면서 하신 말씀과 똑같은 복음의 본질을 말한 수잔 선교사의 용서의 선포가 앞으로 터키의 복음화에 큰 역할을 하리라고 말이다. 지금 중동 곳곳에서는 기독교를 향한 과격 테러가 행해지고 있지만, 그들도 언젠가는 이 용서의 의미를 깨닫고 피 흘리는 복수를 멈추게 될 것이다. 한 칼럼리스트는 수잔 선교사의 기사를 보고 이런 글을 썼다.

"그녀는 천 명의 선교사들이 천 년 동안 할 수 없었던 것을 그 한마디로 했다."

풀무불에 들어가기를 결단하라

그렇지만 하나님은 하나님만이 하실 수 있는 놀라운 구원의 과정을 허락해 주신다. 세 친구는 극렬히 끓는 풀무불에 던져졌다. 그런데 기적이 일어났다. 세 사람은 몸 전체와 머리카락 하나 그을리지 않았을 뿐만 아니라 불에 탄 냄새도 없었다.

> "총독과 지사와 행정관과 왕의 모사들이 모여 이 사람들을 본즉 불이 능히 그들의 몸을 해하지 못하였고 머리털도 그을리지 아니하였고 겉옷 빛도 변하지 아니하였고 불 탄 냄새도 없었더라"(단 3:27).

우리가 고기집에 가서 고기만 구워 먹어도 냄새가 진동하는데 불탄 냄새조차 없었다는 것이다. 결박했던 포승줄만 불타고 아무 일도 없이 깨끗했다. 이처럼 풀무불에서 건짐 받는 살아 있는 증거가 되려면, 먼저 우리가 풀무불에 들어가야 한다. 사드락과 메삭과 아벳느고가 풀무불의 형벌을 피하지 않았기 때문에 풀무불의 기적이 일어났다.

오늘, 내 삶에는 왜 기적이 없는가? 왜 나의 삶에는 신선함과 감격과 주님을 섬기는 열정과 환희가 없는가? 왜 나의 신앙생활은 이렇게 지루하고, 물에 물 탄 듯 맥이 없어야 하는가? 왜 이렇게 답답한가? 그것은 어쩌면 내가 하나님께 순종하려는 마음이 없고, 값을 치르려 하지 않기 때문일 수 있다.

큰 죄 짓지 않고 사는 것이 전부가 아니다. 적당히 살아서는 안 된다.

적당히 살면 뜨거운 불이 올 때 피해가려고만 한다. 정면 돌파를 피하려는 것이다. 그것은 하나님의 기적을 맛볼 기회를 잃어버리는 것이다. 하나님이 허락하신 위대한 선택과 약속, 그리고 그것을 통해 이루려는 큰 뜻을 놓치는 것이다.

몇 해 전에 미얀마의 원시부족들이 사는 일레이 호수에 간 적이 있다. 한국에서 신학교를 졸업한 목사님 한 분이 그 오지에서 복음을 전하고 있었다.

그래서 몇 분이 예수님을 믿게 되었다. 문제는 미얀마 국민의 99퍼센트가 불교를 믿기 때문에 예수님을 믿으면 영락없이 천민신세가 되고 만다는 점이다. 마을 사람들이 왕따를 시켜서 농사도 못 짓게 하고, 길도 못 지나다니게 한다. 원두막처럼 지은 예배 공간이 있는데, 그 앞으로는 아예 사람들이 지나다니지 못하도록 길을 막아버렸다. 그리스도인 몇 사람이 따로 수로를 만들어 그곳을 오가고 있었다.

우리가 함께 그곳에 모여 예배드렸다. 환난 가운데도 주님을 의지할 때 주님은 길을 열어주신다는 찬송을 부르며 함께 기도했다. 그런데 기도 중에 중풍에 걸린 73세 할머니가 벌떡 일어났다. 그들의 신앙과 마음이 너무 순수하니까 하나님이 기적을 일으켜 주신 것이다. 그때 나는 우리의 주님은 지금도 필요하다면 언제든지 기적을 베풀어주신다는 사실을 그 핍박의 현장에서 목격했다.

풀무불에 들어가기를 결단하라. 풀무불을 꺼리지 말라. 그때 우리는 하나님과 나만이 아는 '은혜'를 쌓아가는 친밀한 관계가 될 것이다.

"주가 나와 동행을 하면서 나를 친구 삼으셨네
우리 서로 받은 그 기쁨은 알 사람이 없도다."

하나님은 우리와 함께하신다

"왕이 또 말하여 이르되 내가 보니 결박되지 아니한 네 사람이 불 가운데로 다니는데 상하지도 아니하였고 그 넷째의 모양은 신들의 아들과 같도다 하고"(단 3:25).

왕이 세 사람을 불 가운데로 던졌는데 한 사람이 더 있는 것이 느부갓네살 왕의 눈에 보였다. 성경 본문에 보면 신들의 아들이라고 나와 있다. 이 '신들의 아들'이 누구인지는 신학자들 사이에서 여러 해석들이 분분하다. NIV 성경에는 'a son of gods'라고 소문자로 되어 있는데, 킹 제임스 성경에는 'the Son of God'라고 대문자로 번역되어 있다. 그러니까 '하나님의 아들 예수 그리스도'를 뜻하는 것이다. 하지만 전승되어 오는 유대인의 탈무드에서는 네 번째 사람을 가브리엘 천사라고 설명한다.

신학적으로 이 '신들의 아들'이 누구인지 명확하게 알 수는 없다. 그러나 한 가지 분명한 것은 이 네 번째 사람이 예수님이든 천사이든 상관없이 하나님의 사람들을 지키기 위해 하나님이 보내신 호위병이라는 사실이다. 당장 구원의 사건이 일어나지 않는다 할지라도, 그래서 내가 지금 극렬히 타는 풀무불 속에 앉아 있다 할지라도, 거기에 하나님이 함께하시는 것을 보여 주시는 것이다. 그래서 다니엘의 세 친구들은 비록 풀무불 속이었지만, 주님의 임재를 느끼면서 그 속을 왕궁처럼 거닐었다.

이것은 바로 약속의 말씀이 이루어진 것이다.

"네가 말하기를 여호와는 나의 피난처시라 하고 지존자를 너의 거처로 삼았으므로 화가 네게 미치지 못하며 재앙이 네 장막에 가까이 오지 못하리니 그가 너를 위하여 그의 천사들을 명령하사 네 모든 길에서 너를 지키게 하심이라 그들이 그들의 손으로 너를 붙들어 발이 돌에 부딪히지 아니하게 하리로다"(시 91:9-12).

이처럼 하나님은 아주 특별한 방법으로 우리의 필요를 채우기도 하시며, 위험한 순간에 우리와 함께하시는 것을 통해 복을 주신다. 어려운 고통 가운데서, 말도 안 되는 문제 가운데서 우리가 마음을 열고 주님을 묵상하면, 주님의 임재를 느끼고 그분의 음성을 들을 수 있다.

하나님은 우리에게 이렇게 말씀하고 계실 것이다.

"너는 내 아들이다. 너는 내 딸이다. 나는 너를 지켜보고 있단다. 내가 지금 너와 함께하고 있단다. 나는 너를 사랑하고 너에게 필요한 모든 것을 공급할 것이다."

성령님은 내가 하나님의 자녀인 것을 증명해서서, 주님이 나와 함께하시는 것을 깨닫도록 만들어 주신다.

"성령이 친히 우리의 영과 더불어 우리가 하나님의 자녀인 것을 증언하시나니"(롬 8:16).

하지만 하나님과 만나는 과정에서 가장 중요한 것은, 당장 기적을 체험하는 것이 아니다. 더 중요한 것은 하나님이 우리와 함께하신다는 것이다.

나는 다니엘의 세 친구와 함께하셨던 하나님이 터키의 세 순교자들과 함께하셨을 줄로 확신한다. 왜냐하면 스데반이 순교를 당하는 그 순간에도 주님이 함께 계셨기 때문이다. 어떤 고통의 상황에서도 주님은 하나님의 백성들과 함께하신다.

예수 믿고 구원받은 후 누리는 축복 중의 축복은 주님이 오늘도 성령의 음성을 통해 늘 우리와 함께하신다는 사실이다. 그래서 반대로 제일 큰 저주는 예수 믿고 구원받아도 하나님이 함께하심을 느끼지 못하는 것이다. 성도는 매일 아침 경건의 시간을 통해서든, 새벽기도를 통해서든, 주일예배를 통해서든, "오늘도 내가 너를 돌보고 있다"는 주님의 음성을 들어야 한다.

고난과 풀무불의 현장 속에서도 보호하시는 하나님을 만나야 한다. '이것은 희생도 아니다. 하나님은 나를 강하게 하실 수 있어. 하나님을 위해서라면 내가 가진 어떤 것도 헌신할거야'라고 다짐하면서 어려움의 시간을 기쁨과 찬양으로 통과할 수 있어야 한다. 그럴 때 결단의 능력을 받을 수 있다.

가족을 먼저 하늘나라로 떠나보내야 할 때, 육신이 질병으로 무너질 때, 직장에서 왕따를 당하고 있을 때, 가족들 가운데 나만 예수 믿는 사람이어서 힘들 때 아무도 내 눈물과 고통을 이해하지 못한다는 생각이 든다. 절체절명의 순간, 혼자서 모든 고통을 감당해야 하는 그 순간에 하나님은 우리에게 천사를 보내신다. 그리고 말씀하신다.

"내가 천사를 보내어 너와 함께하리라. 너는 혼자가 아니다."

우리는 이런 주님의 말씀을 들어야 한다.

스코틀랜드 선교사 데이비드 리빙스턴(1813-1873)은 인생의 즐거운 것을 다 버리고 하나님의 부르심을 따라 선교사가 되었다. 의사였던 리빙스턴은 아프리카 내지 선교사가 되기 위해 이 땅에서 누릴 수 있었던 모든 것을 포기했다. 리빙스턴의 헌신으로 아프리카 선교의 문이 열렸고 노예 상인과 쇠사슬 때문에 단절되었던 아프리카 무역의 문도 함께 열렸다. 그는 사자에게 공격당하고 물리기도 했다. 그의 집은 전쟁으로 풍비박산이 났다. 그의 몸은 열과 이질, 설사로 엄청난 고생을 했으며, 그의 아내는 선교지에서 죽었다. 어떤 사람이 리빙스턴에게 말했다.

"박사님, 당신은 복음을 위해 참 많은 것을 희생하셨군요."

그러자 그는 이렇게 대답했다.

"희생이요? 가장 큰 희생은 하나님 뜻 밖에서 사는 것입니다."

또 어떤 이가 물었다.

"어떻게 그렇게 일할 수 있습니까? 당신이 누리는 은혜의 원천은 무엇입니까?"

그때 리빙스턴은 항상 자기 귀에 울리던 예수님의 말씀으로 대답했다.

"내가 너희에게 분부한 모든 것을 가르쳐 지키게 하라 볼지어다 내가 세상 끝날까지 너희와 항상 함께 있으리라 하시니라. 이 말씀은 마태복은 28장 20절 말씀입니다. 저는 이 말씀을 통해 깨달은 바가 있습니다. 그리스도께서 함께하지 아니하시면 한 걸음도 나아갈 수 없다는 것입니다. 반대로 그리스도께서 함께하신다면 어디든지 갈 수 있습니다."

"내가 세상 끝날까지 너희와 함께하리라"는 말씀을 들을 때, 하나님이 함께하시는 영감과 은혜가 내 마음속에 확증되지 않으면 단 한 순간도 사역할 수 없다고 말할 수 있는가? '하나님이 함께하신다면 내가 무엇이든 할 수 있다', '하나님이 함께하시면 내가 어디든 갈 수 있다'고 고백할 수 있는 우리가 되어야 할 것이다.

결단은 변화를 낳는다

다니엘의 세 친구가 내린 온전한 결단과 풀무불 속의 헌신은 세상을 뒤흔들어 놓았다. 네 번째 사람이 풀무불 가운데서 다니엘의 세 친구와 함께 있는 광경을 보고 난 다음에 느부갓네살 왕의 태도가 완전히 달라졌다.

> "느부갓네살이 맹렬히 타는 풀무불 아귀 가까이 가서 불러 이르되 지극히 높으신 하나님의 종 사드락, 메삭, 아벳느고야 나와서 이리로 오라 하매 사드락과 메삭과 아벳느고가 불 가운데에서 나온지라"(단 3:26).

자기가 최고의 신이라고 큰소리를 떵떵 치던 느부갓네살 왕이 세 친구를 향해 지극히 높으신 하나님의 종이라고 불렀다. 얼마나 놀라운 변화인가! 하나님이 함께하셔서 결단하는 사람들에게는 반드시 이런 결과가 따라온다. 그 사람을 통해서 믿지 않는 사람들이 하나님을 찬양하게 되는 것이다.

"이같이 사람을 구원할 다른 신이 없음이니라"(단 3:29).

느부갓네살 왕은 조서를 내려 세상 왕국 속에서 다니엘의 세 친구를 올려주었다.

"그러므로 내가 이제 조서를 내리노니 각 백성과 각 나라와 각 언어를 말하는 자가 모두 사드락과 메삭과 아벳느고의 하나님께 경솔히 말하거든 그 몸을 쪼개고 그 집을 거름터로 삼을지니…왕이 드디어 사드락과 메삭과 아벳느고를 바벨론 지방에서 더욱 높이니라"(단 3:29-30).

사드락과 메삭과 아벳느고는 초라한 포로였지만 그들의 하나님 때문에 당대 최고 제국의 신들과 모든 사람들 앞에서 높임을 받았다. 하나님은 자신을 위해 목숨까지 내놓기를 마다하지 않는 이들을 반드시 높여 주신다.

물론 하나님의 정의를 실천하고 하나님을 전심으로 따랐다고 해도 세상 왕국 속에서 높임을 받지 못하는 경우도 많다. 분명한 것은 세상 나라에서는 높여지지 않아도, 하나님 나라에서는 반드시 세워 주시고 높여 주신다는 것이다.

또 하나님께 높임을 받았다면 그 자리를 주신 것은 하나님 나라를 위한 것임을 알고, 하나님을 선포하며, 주님 앞에 충성 봉사해야 한다. 우리가 가진 정결함을 가지고 세상을 흔들어야 하며, 우리가 가진 소망을 가지고 세상을 격동케 해야 한다.

생각만 해도 신나는 것은 다니엘의 세 친구가 풀무불에서 살아난 사건으로 인해 당시 포로로 끌려와 있던 수많은 유대 백성들이 크나큰 위로와 소망을 얻었을 것이라는 점이다. 그들은 고통을 감내하며 기다리다가 혹여 이런 생각을 했을지도 모른다. '하나님이 우리를 버리셨나? 어떻게 예루살렘 성이 무너지고 우리 고향이 황폐화될 수 있을까?' 하지만 주님은 다니엘의 세 친구 사건을 통해 유대 백성들에게 '나는 너희들을 버리지 않았다. 너희들은 나의 자녀다. 너희들이 지금은 풀무불과 같은 극심한 고통 속에서 살고 있지만, 내가 너희와 함께하고 있느니라. 너희를 구원할 것이다' 하고 속삭여 주신 것이다.

주님은 이 사건을 성경에 기록하심으로 지금도 예수님을 믿는 믿음 때문에 세상에서 고통당하는 우리를 똑같이 위로해 주시고 격려해 주신다.

"무엇이든지 전에 기록된 바는 우리의 교훈을 위하여 기록된 것이니 우리로 하여금 인내로 또는 성경의 위로로 소망을 가지게 함이니라"(롬 15:4).

오늘날 우리가 살고 있는 세상은 옛날보다 비교적 안전하고 많이 편

리해졌다. 하지만 아직도 세계 곳곳에서 하나님의 백성들은 신앙을 지키고 세상과 구별되이 살아가느라 값비싼 대가를 지불하고 있다. 어쩌면 과거보다 더 교묘하게 기독교에 대한 적대감의 풀무불이 뜨거워지고, 타협하라는 압박은 점점 더 강해졌는지 모른다. 많은 사람들이 이 세상의 잡신, 귀신, 우상에게 절하고 있다. 그리고 하나님의 백성들에게 형태는 다르지만 금 신상에 절하라고 강요하며 그렇지 않으면 풀무불에 던지겠다고 포고한다. 그럴 때 이 말씀은 우리에게 위대한 격려와 용기의 원천이 된다. 정면 돌파를 결단한 우리에게 능력을 준다.

❰ 풀무불에 들어간 자의 기도

은혜가 풍성하신 하나님 아버지.

저에게 '그리 아니하실지라도'의 믿음 주심을 감사드립니다. 하나님만 섬기기로 뜻을 세우게 하시니 감사합니다. 그러나 아버지 제가 믿음을 선포할 때마다 세상 사람들은 저를 더욱 심하게 괴롭힙니다. 평소보다 일곱 배나 어렵고 힘든 시험을 줍니다. 하나님, 저는 지금 너무나 뜨거운 풀무불 속으로 던져졌습니다. 그러나 그때라도 저희 믿음의 선포를 포기하지 않게 도와주옵소서. 저와 함께하시어 저의 눈썹 하나라도 상하지 않게 보호해 주옵소서. 예수님을 믿는다는 이유 하나로 저희를 시험하고 괴롭히는 자들을 하나님께서 물리쳐 주옵소서. 모든 시련에 정면 돌파하는 힘과 능력, 포기하지 않는 믿음을 주옵소서. 그리하여 그들의 입을 통해 '지극히 높으신 하나님의 종'이라고 말하게 하옵소서. 그러한 신이 하나님밖에 없다고 고백하게 하옵소서. 그리하여 우리가 모든 지방에서 높아지게 하옵소서. 저의 모든 들어오고 나감에 하나님께서 함께해 주시고 저는 그 동행 안에서 평생을 살게 하옵소서. 예수님의 이름으로 기도합니다. 아멘.

세상에서 도망가고 싶은가? 정면 돌파 하라!

04 믿는 자의 신앙을 선포하다
사자 굴에 던져진 다니엘(1) (단 6:1-14)

두 가지 극단

신앙생활을 하다 보면 두 가지 극단에 부딪히는 것 같다.

첫 번째 극단은 분리주의적인 신앙이다. 세상과 완전히 담을 쌓고 사는 것이다. 이 더러운 세상 속에서 때 묻지 않으려고 무던히도 애를 쓴다. 사업도 예수 믿는 사람들하고만 하고, 여가도 교회 활동만 하고, 음악을 들어도 CCM만 듣는다. 미국의 애니쉬 공동체는 세상 문명과 등지고, 전기나 자동차도 사용하지 않으며 살아가고 있다.

두 번째 극단은 타협주의이다. 너무 세상에 깊이 들어가 버려서 나이트클럽에서 폭탄주를 마셔도 도통 문제가 없다는 식이다. 이 양극단 사이에서 과연 어떻게 살아가는 것이 지혜로운 그리스도인의 삶일까.

거만했던 지도자 벨사살 왕과 그의 제국 바벨론이 망하고, 메대 페르시아를 다스렸던 통치자 다리오 왕이 바벨론을 얻었다. 이 다리오 왕은 역사에는 다리우스라고 기록되어 있다. 시기적으로는 B.C. 539년쯤의 일이다.

다리오 왕은 자기의 뜻대로 고관 120명을 세워 전국을 통치하게 하고, 120도에 각각 도지사를 두고 그 위에 총리 셋을 두었다(단 6:1-2).

> "다니엘은 마음이 민첩하여 총리들과 고관들 위에 뛰어나므로 왕이 그를 세워 전국을 다스리게 하고자 한지라"(단 6:3).

'마음이 민첩했다'는 말은 영어로 'extraordinary spirit'이다. 이것은 다니엘이 매우 특별했다는 뜻이다. 다니엘은 총리 중의 총리였다. 바벨론제국이 멸망하고 페르시아제국이 새로 섰는데도, 다니엘은 새로 선 제국 사람들한테도 그 능력을 다시 한 번 인정받았다. 비록 포로였지만 이방 사람들보다 더 탁월해서 몇 번이나 왕이 바뀌고 제국이 바뀌는 동안에도 그 능력을 인정받은 것이다.

이때 다니엘의 나이를 여러 성경학자들은 82세나 83세쯤으로 본다. 그래서 다니엘은 흔히 포로와 같은 힘든 상황 속에서도 세상의 방법이 아닌 하나님의 방법으로 세상의 빛이 되어야 하는 그리스도인의 삶을 이야기할 때 자주 거론된다.

다니엘은 어떻게 승리하는 삶을 살 수 있었을까. 우리는 다니엘의 삶을 통해 하나님이 원하시는 그리스도인의 삶의 모습을 몇 가지 발견할 수 있다.

충성된 사람은 포기하지 않는다

하나님이 기뻐하시는 삶의 원칙은 첫째, 하나님은 우리가 세상과 동떨어져 살기를 원치 않으신다는 것이다.

다니엘은 타락한 바벨론과 메대 페르시아의 이방 정치제도 아래에서 살아야 했다. 가뜩이나 정치판은 복잡한데, 하나님이 없는 이방 사회는 더럽고 추하고 폭력과 죄가 난무했을 것이다. 하지만 다니엘은 바벨론과 메대 페르시아의 정치 질서에 반역하지 않았다. 다니엘은 이 세상 것은 더럽다고 세상 정치에서 손을 뗀 것이 아니라 오히려 주님이 주신 은사를 최대한 발휘해서 이방 나라를 섬겼다.

다니엘은 여든이 넘은 나이에도 고관 중의 고관으로 엄청난 영향력을 행사했다. 66년이 넘도록, 정권이 세 번이나 교체되는 혼란 가운데서도 실력과 역량을 갖춘 지도자로 살아남았다.

다니엘은 바벨론과 메대 페르시아 제국에서의 생활을 죽지 못해 한 것이 아니었다. 오히려 정치계에 적극적으로 뛰어들었다. 이방 왕이 부르면 갔고, 왕이 직위를 주면 받았다. 그리고 그 직위에 걸맞게 최선을 다했다. 자기 민족이 아닌 이방 민족을 향해 최선을 다했다. 바벨론과 메대 페르시아의 정치계에서도 유능하고 정직한 사람이라는 평가를 받았다. 나라가 어려운 일을 겪을 때마다 제국이 위기에 처할 때마다 황제가 다니엘을 찾아왔다. 다니엘이 얼마나 일을 잘하고 충성했는지, 어느 누구도 그에게서 아무런 흠을 찾을 수가 없을 정도였다.

> "이에 총리들과 고관들이 국사에 대하여 다니엘을 고발할 근거를 찾고자 하였으나 아무 근거, 아무 허물도 찾지 못하였으니 이는 그가 충성되어 아무 그릇됨도 없고 아무 허물도 없음이었더라"(단 6:4).

"충성"은 '믿을 만하다'는 뜻이다. 그리스도인들이 갖춰야 할 덕목이 바로 이것이다.

"맡은 자들에게 구할 것은 충성이니라"(고전 4:2)는 말씀처럼 소명 받은 자들이 해야 할 중요한 일은 충성이다. 충성된 사람에게는 무슨 일을 부탁해도 안심할 수 있다. 충성된 사람의 특징은 포기하지 않는 것이다. 장애물을 만나면 포기하고 되돌아갈 길을 찾는 것이 아니라 어떻게 하면 뛰어넘어 소명을 완수할까를 생각한다. 특별히 충성된 사람의 입에는 그 약속에 대한 신실함이 있다. 말한 것은 반드시 지키려고 노력하는 사람이다.

반대로 충성되지 못한 사람은 무슨 일을 부탁하면 늘 핑계거리를 댄다. 너무 바빠서, 돈이 없어서, 자동차가 고장 나서 등등 늘 핑계거리만 찾는다. 이런 사람들은 다른 사람의 신뢰를 얻을 수 없다.

우리가 어떤 일을 할 때 때때로 능력이 모자랄 수 있고, 남만큼 재능이 약할 수도 있다. 그렇더라도 예수님 안에 있으면 우리는 충성된 자가 될 수 있다. 적어도 핑계대지 않는 사람, 실력이 모자라도 기꺼이 최선을 다하는 충성된 사람은 될 수 있다는 것이다.

　이렇게 충성되게 살면, 대적들이 눈에 불을 켜고 뒤져도 아무 그릇됨도, 아무 허물도 없는 인생을 살게 된다. "허물"이라는 말은 '무시하다', '포기하다'라는 뜻이다. "허물"의 의미를 조금 더 깊이 생각하면 '부주의하다', '어리석게 행동하다'는 뜻도 포함되어 있다.

　예수님을 믿으면서도 허물이 많고 부주의하고 어리석게 행동해서 가엾은 상황에 처하는 사람들이 많다. 제휴 문서나 계약서를 꼼꼼히 읽지 않아서 사기를 당하기도 하고, 직장 일에 떠밀려 살다가 가족들을 돌보지 않아 이혼 지경에 이르기도 하며, 생활이 바쁘다는 이유로 성경읽기와 기도시간을 떼어놓지 않아서 영적으로 피폐해지기도 한다. 이 부주의와 어리석게 행동하는 허물 때문에 우리는 죄에 빠지게 된다. 부주의와 허물은 우리의 연약함이 아니다. 그것은 일평생 끼고 살아야 할 가시가 아니다. 고쳐야 하는 잘못이다. 내 삶의 어떤 부분에 허물이 있는지, 무엇이 부주의한 것인지 살펴보고 고쳐야만 한다.

　다니엘은 이 더러운 정치판을 떠나게 해달라고 하나님께 기도하지 않았다. 세상과 동떨어져 수도원에 들어가 살고 싶다고 간구하지도 않았다. 다만 그는 죄악의 꽃이 만연한 곳에서 최선을 다해 살았다.

　이것이 하나님의 뜻이다. 하나님은 우리가 세상과 동떨어져 수도원에 들어가거나 완전히 격리되어 살기를 원하지 않으신다.

　예수님은 이 땅에 오셔서 당시 극단적 분리주의자들의 전통과 율법을 철저히 깨뜨리셨다. 예수님 시대의 유대인은 세리와 함께 밥을 먹는 것조차 상상하기 싫을 만큼 세관의 세리를 마치 벌레보다 못한 자라고 비난했다. 하지만 예수님은 세리를 제자로 삼으셨다.

예수님은 이 땅에 오셔서 문둥병자를 만져 주셨다. 유대의 율법은 제사장이 문둥병자나 부정한 자를 만지면 그 시각으로 제사장직이 박탈되었다. 하지만 예수님은 문둥병자를 만져주시고 치유해 주셨다. 부도덕한 여인들인 창기와 죄인들과 같이 식사하시고 함께 시간을 보내기도 하셨다.

예수님은 분리주의자가 아니었음을 우리는 기억해야 한다. 현실도피가 기독교의 본질이 아니다. 힘들다고, 이 땅의 삶이 별 의미 없다고 허무가를 부르는 것은 기독교인이 아니다. 허무주의에 빠져서 책임 없이 사는 것은 예수님이 가르쳐 주신 것이 아니다. 주님께서는 범죄와 비극이 있고 부패가 있더라도 현실 속에 발을 딛고 거기에서 하나님의 사람으로 모범이 되며 살기를 원하신다.

하나님은 이 땅이 부패했다는 것을 잘 알고 계신다. 그렇기 때문에 이 땅에서 살아가는 그리스도인들의 삶의 형편이 좋지 않다는 것도 아신다. 그렇지만 주님은 그 땅을 무시하라고 하지 않으신다. 오히려 신앙인으로서의 정체성을 가지고 부패한 세상에 빛이 되라고 말씀하신다.

생각해 보라. 예수 잘 믿는다고 모든 사람들이 다 신학교에 가면 어떻게 되겠는가? 신학교는 아무나 가는 곳이 아니다. 더러운 이 세상 나 한 몸 깨끗하게 살아보겠다고 가는 곳이 아니다. 신학교는 목양과 양육과 사람을 섬기는 데 특별한 은사를 가진 사람만이 가야 한다. 그래서 나는 신학교에 가겠다는 사람을 만나면 대부분 막는다. 그만큼 진중한 태도로 생각하고 기도하며 주님의 응답을 받아야 하는 일이기 때문이다. 신학교는 그저 가볍게 생각하고 아무 생각 없이 가는 곳이 아니다. 그리고 내가 아무리 반대한다 하더라도 소명 받은 사람은 결국 신학교에 들어간다.

그리스도인들이 죄를 덜 지으면서 조용히 이 세상을 살 수 있는 직업만 골라서 갖는다면, 정치는 누가 하며 비즈니스는 누가 하겠는가. 예수 잘 믿는 사람은 정치계와 비즈니스계와 연예계와 문화예술계의 깊은 곳에까지 들어가서 영향력을 끼쳐야 한다.

그리스도인이 어떻게든 주어진 기회를 적극 활용해서 지역 공동체와 이 민족과 이 시대를 하나님의 방법으로 잘 섬겨야 한다. 이것은 너무나 중요한 일이다. 어려운 시대일수록 우리는 이 시대에 스며들어 그리스도의 향기를 내뿜어야 한다. 소금은 뭉쳐져 있으면 안 된다. 소금은 뿌려져야 제 역할을 한다.

세상 속에 살지만 세상의 법칙을 따르지 않고, 하나님의 법을 따라 살아야 한다. 흔히 말하듯 하늘에 앉아 세상을 살아야 하는 것이다. 누군가 우리의 신앙에 대해 손가락질할 때, 하나님의 원칙에 따라 행동을 선택할 수 있는 용기가 필요하다.

그리스도인 역사가 리처드 A. 토드가 쓴 『기독교 역사 핸드북』이라는 책이 있다. 그 책에서 그는 로마제국 말기에 신실한 그리스도인들이 대거 정치계와 공직에서 빠져나간 것이 로마 멸망의 중요한 이유 중의 하나라고 평가한다.

"로마시대의 많은 그리스도인들은 타락하고 속되고 부패한 시대에 사는 것이 힘들다고 생각했다. 예를 들어 그리스도인 치안 판사가 법에 의해 죄인을 채찍으로 때리라고 명하고 고문을 명령하는 것이 양심에 거리낌이 되어 갈등할 때 당시의 교회 지도자들은 공직에서 떠나라고 권면했다. 교회의 이런 태도는 로마제국 말년에 윤리 개념이 낮은 사람들이 공직의 대부분을 차지하는 결과를 가져왔다.

교회가 부패와 폭력을 반대하는 설교만 하고, 훌륭한 그리스도인들이 공직에서 떠나도록 권면한 것이다. 이리하여 최고의 신앙적 자질을 가진 사람들이 중요한 위치에 올라갈 수가 없었다."

하나님 앞에 바로 선 사람들일수록 더 중요한 위치에 올라 이 세상이 멸망으로 치닫지 않도록 해야 한다는 것을 로마의 역사는 말해 주고 있다. 바벨론처럼 메대 페르시아처럼 부패한 제국 아래 산다 할지라도 교회로 도망갈 것이 아니라 그 시대를 하나님의 나라로 변화시킬 수 있도록 애써야 한다. 주님이 나를 이곳에 보내신 이유를 깨달아 하나님의 의가 실현되도록 노력해야 하는 것이다. 그때 하나님은 그리스도인의 영향력으로 하나님의 뜻을 이루어 나가신다.

복음주의권에서 20세기 가장 중요한 선언문 중 하나가 바로 로잔언약이다. 1974년 7월 16일부터 25일까지 스위스 로잔에서 모였던 세계 복음화 국제대회의 대표 3,700여 명이 합의하고 서명한 것이다. 로잔언약은 다음과 같이 선포한다.

"비록 사람과의 화해가 하나님과의 화해는 아니며, 사회적 행동이 전도는 아니며, 정치적 해방이 곧 구원은 아닐지라도, 그럼에도 불구하고 우리는 전도와 사회·정치적 참여가 우리 그리스도인의 의무의 양 측면임을 인정한다. 왜냐하면 이 두 가지는 모두 우리의 하나님과 사람에 대한 교리, 이웃에 대한 우리의 사랑, 예수 그리스도께 대한 우리의 순종의 필요한 표현이기 때문이다."

선언문은 다음과 같이 계속된다.

"구원의 메시지는 또한 모든 형태의 소외와 압제와 차별에 대한 심판의 메시지를 내포한다. 그러므로 우리는 악과 불의가 존재하는 곳에서는 그것들을 공박하기를 두려워해서는 아니 된다. 사람들이 그리스도를 영접할 때 그들은 그의 나라로 다시 태어나며, 불의한 세계 가운데서 그 나라의 의를 나타낼 뿐 아니라 확장하기 위해 노력해야 한다. 우리가 선포하는 구원은 우리의 개인적이고 사회적인 책임의 영역에서 우리를 전체적으로 변화시켜 가는 것이어야 한다. 행함이 없는 믿음은 죽은 것이기 때문이다."

다니엘이 최고의 총리로 잘 섬기고, 그의 세 친구가 신실하게 한 나라의 지도자로 열심히 봉사했기 때문에 놀라운 일이 벌어졌다. 유대의 포로들이 바벨론 각 곳마다 회당을 세우고 성경을 가르쳤다. 성경의 가르침에 따라 하나님의 인물들을 길러냈다. 그 포로 2세들이 나중에 정말 큰일을 했다.

그때로부터 약 100년이 지나서 알렉산더 대왕이 세계를 통치하게 되는데, 그는 세계를 헬라어로 통일했다. 그러자 포로 2세들이 하나님의 말씀이 히브리어로만 기록되면 안 된다, 세계 사람의 통용어인 헬라어로 번역되어야 한다는 생각에 히브리어를 헬라어로 번역하는 일을 해낸다. 바벨론 포로로 있던 유대인 가운데 그대로 낙심하고 좌절하고 포기하지 않았던 이들에 의해 70인역이 번역되었다. 이 70인역 구약성경은 하나님의 말씀이 세계로 뻗어나갈 수 있는 근간이 되었다.

사람들이 신앙을 붙들고 늘어질 때

하나님이 기뻐하시는 삶의 원칙 둘째는, 세상에 살지만 세상의 법칙을 따르지 않고 하나님의 법칙을 따르는 삶이다.

우리가 세상에서 하나님의 방법대로 살 때, 세상 사람들은 반드시 우리의 신앙을 물고 늘어져 우리를 넘어뜨리려고 할 것이다.

> "그들이 이르되 이 다니엘은 그 하나님의 율법에서 근거를 찾지 못하면 그를 고발할 수 없으리라 하고 이에 총리들과 고관들이 모여 왕에게 나아가서 그에게 말하되 다리오 왕이여 만수무강 하옵소서"(단 6:5-6).

신하들은 다니엘을 빼고 만장일치로 가결한 음모를 들고 다리오 왕에게 나아갔다. 그리고 왕에게 온갖 아부를 떨며 이 칙령을 허락해 달라고 말했다.

"당신은 현존하는 신입니다. 당신만 섬기도록 하기 위해 한 달 간의 시험을 통해 확인하자고 합니다."

우리는 보통 상대방을 컨트롤하려고 할 때 아첨을 한다. 그 사람의 마음을 기분 좋게 해서, 그 사람을 자기 마음대로 다루고자 하는 것이다. "그들의 입에 신실함이 없고 그들의 심중이 심히 악하며 그들의 목구멍은 열린 무덤 같고 그들의 혀로는 아첨하나이다"(시 5:9).

사람들이 나의 신앙을 붙잡고 늘어질 때, 이를 이기는 가장 좋은 방법은 나의 신앙을 선포하는 것이다. 다니엘은 십대 때부터 하나님께 뜻을 정하고, 왕의 진미를 거절할 정도로 자신의 신앙을 분명히 선포했다.

오늘날 우리가 이 땅에 살면서 적극적으로 살아가야 하고 세상의 역할들을 잘 감당하는 것도 중요하지만, 그보다 꼭 해야 할 일은 그리스도인의 정체성을 분명히 선포하는 일이다. 그렇지 않으면 그 사람은 능력 있는 사람으로 세상에서 인정받을 수 있을지는 모르지만, 그리스도인으로서의 영향력은 발휘할 수 없다.

하나님의 자녀임을 먼저 선포하지 않는다면, 우리는 자신도 모르게 세상에 물들고 말 것이다. 다니엘이 왕의 진미를 거절한 것처럼 우리는 이 세상이 주는 가치관과 술과 담배를 절제하고, 하나님 앞에서 성적으로 더럽혀지지 않는 것으로 하나님의 자녀임을 선포할 수 있다. 내가 하나님의 자녀라는 것을 선포하면 하나님은 영향력을 주신다.

내가 아는 한 자매는 대학에서 미술을 전공했는데, 대학교 2학년 때 예수님을 영접했다. "하나님이 세상을 이처럼 사랑하사 독생자를 주셨으니 이는 그를 믿는 자마다 멸망하지 않고 영생을 얻게 하려 하심이라"(요 3:16)는 말씀을 듣고 신앙을 갖게 된 것이다. 그 이후 자매는 대학 동기들을 전도하기 시작했다. 그 과 정원이 20명쯤 되었는데, 졸업할 때까지 14명을 전도했다. 졸업을 앞두고 사은회를 열 때 술잔치를 하지 않고 예배를 드렸다는 놀라운 소식까지 들었다.

남아프리카에는 3천만 명이 흑인이고, 7백만 명이 백인이고, 3백만 명 정도가 유색인종이다. 그런데 7백만 명의 백인들이 3천 3백만의 다른 인종을 통치하려고 아파르트헤이트(Apartheid, 인종분리정책)라는 강압정치를 펼쳤다. 한때는 경제적으로도 융성했다.

그런데 이들 백인의 야심은 다른 곳에서 무너져 내렸다. 남아프리카 백인 대학 중에는 스텔렌보쉬 대학이나 포체프스트롬 대학 같은 좋은 기독교대학들이 있었다. 이들 대학에서는 기독교 정체성과 함께 기독교 문화와 철학, 예술을 가르쳤는데, 특별히 기독교 정치도 가르쳤다.

그런데 포체프스트롬 대학 출신인 프레데릭 데 클레르크(Frederik Willem de Klerk)가 남아프리카 대통령이 되었다. 그는 기독교 정치인으로서 샬롬의 정치, 평화의 정치, 용서의 정치를 펴나갔다. 그는 기도하다가 성령님의 감동을 받아, 오랫동안 백인 정치가들에게 저항해 27년 동안 감옥에 갇혀 있던 만델라를 석방시켰다. 더 놀라운 일은 만델라가 대통령이 되도록 도운 것이었다. 뿐만 아니라 만델라를 대통령으로 세우고 난 후에 그는 부통령으로 만델라 밑에서 일했다.

이 때문에 남아프리카는 아프리카 대륙에서 피 흘림 없이 정치체제를 바꾼 유일한 나라가 되었다. 신앙의 정체성을 가지고, 용서와 평화의 안목을 가진 한 사람 때문에 이런 일이 일어날 수 있었던 것이다.

상록수 신앙의 지조와 절개

하나님 앞에 우리의 신앙을 지키고 신실하고 충성되게 살면 세상은 반드시 반응한다. 세상은 다니엘과 같은 참 그리스도인에 대해 두 가지로 반응한다.

하나는 다리오 왕처럼 다니엘의 지혜와 신실함을 높이 평가하고 큰 직분과 책임을 맡기는 것이다. 그러나 이 경우는 그리 많지 않다.

또 하나는 다니엘을 못마땅하게 여겼던 다른 총리들처럼 참소하는 것이다. 대부분이 이 경우에 속한다. 이들은 결코 다니엘의 훌륭한 성품과 인격과 실력을 칭찬하지 않았다. 참소자들은 유능하고 성실한 그리스도인들을 가만두지 않는다. 무릇 그리스도 안에서 경건하게 살고자 하면 핍박을 받는 것이다(딤후 3:12). 이 원칙은 예나 지금이나 동일하다.

다니엘의 반대자들은 다니엘의 흠집을 찾으려고 경찰청, 국세청, 검찰, 국정원까지 동원해서 찾고, 그가 지금까지 살아온 모든 삶의 기록들을 머리카락까지 뒤지며 검증했다. 그래도 나오는 게 없으니 온갖 모함을 해댄 것이다.

우리가 신실하게 사는데도 남들이 공격할 수 있다. 모든 사람에게 겸손하고 정중하게 대하며 열심히 봉사하는데도 불구하고 비난을 받을 수 있다. 그럴 때 우리는 상처를 받는다. 사람들에게 덕을 세우고 칭찬받을 것이라 기대했는데 오히려 비난받으면 얼마나 마음이 상하겠는가.

이때 믿는 이들이 기억해야 할 것은 다시 한 번 하나님의 소명을 확인하는 것이다. 예수 믿는 자들은 사람들에게 칭찬받기 위해서 사는 이들이 아니다. 예수 믿는 자들은 이 땅에서 하나님의 뜻을 이루려고 사는 사람들이다. 하나님이 허락하신 소명을 위해 사는 사람들이지 다른 사람들의 칭찬에 의해 왔다 갔다 하는 사람들이 아니다.

남들이 우리의 신앙을 걸고넘어질수록 하나님이 나에게 특별히 맡기신 사명을 붙잡아야 한다. 누가 뭐라 해도 죽을 때까지 해야 할 일을 하는 것이다. 다니엘은 사람들이 자신의 신앙을 비웃을 때에도 자신의 소명을 잊지 않았다.

> "다니엘이 이 조서에 왕의 도장이 찍힌 것을 알고도 자기 집에 돌아가서는 윗방에 올라가 예루살렘으로 향한 창문을 열고 전에 하던 대로 하루 세 번씩 무릎을 꿇고 기도하며 그의 하나님께 감사하였더라"(단 6:10).

다니엘이 보여 준 신앙의 가장 위대한 특징은 영적 상록수다운 신앙의 일관성과 지조와 꿋꿋함이다. 그의 신앙은 시종일관하는 전천후 신앙이었다. 그는 청소년기에 뜻을 정하고, 청년기에 품은 위대한 꿈을 80대 중반이 될 때까지 계속 발전시켰다. 평생 그토록 아름다운 영적 지조와 푸른 소나무와 같은 절개를 지킬 수 있었던 것은 그의 습관적이고 체질화된 기도 생활 때문이었다.

다니엘이 하루에 세 번씩 무릎 꿇고 기도하면서 무슨 기도를 했겠는가. 그는 자신의 안일을 위해서 기도한 것이 아니라 유다 백성을 위해서, 페르시아제국이 하나님을 알게 해달라고 중보기도 했을 것이다. 게다가 자신의 목숨을 노리는 수많은 대적들을 앞에 놓고도 주님께 감사하는 사람이었으며, 진심으로 하나님의 인도하심을 믿었던 사람이었다.

여기서 다니엘이 인생의 절정기나 쇠퇴기, 인생의 위기 때나 성공에도 늘 한결같은 신앙적 품위와 능력을 유지할 수 있었던 까닭을 알 수 있다. 다니엘은 위기 때만 하나님을 찾는 초라한 인생이 아니라, 늘 한결같이 기도함으로 하나님을 만났던 것이다. 다니엘은 이 시대를 본받지 않고 동화되지 않으면서 하나님 사람으로서의 정체성을 잘 지켰다.

"너희는 이 세대를 본받지 말고 오직 마음을 새롭게 함으로 변화를 받아 하나님의 선하시고 기뻐하시고 온전하신 뜻이 무엇인지 분별하도록 하라"(롬 12:2).

필립 얀시는 천국 시민권을 가지고 이 땅을 살아가는 그리스도인을 마치 물 속과 육지, 두 세계를 두루 살아가는 양서류에 비교했다. 그리스도인은 서로 본질적으로 다른 물질세계와 영적 세계, 두 세계에서 지혜롭게 살아가야 하기 때문이다. 나는 이 비유에 전적으로 공감한다.

예수님은 유능한 목수셨다. 하지만 예수님은 유능한 목수로 끝나지 않고 인류의 구원자가 되셨다. 사도 바울은 텐트 메이커이면서 이방선교의 아버지가 되었다. 자주 장사 루디아는 훌륭한 여류실업가로서 빌립보 교회 개척의 기둥이 되었다. 자기의 직업이 있지만 믿음의 작품을 남기며 살았던 것이다.

　이 세상에서 빛과 소금이 된다는 것은 결코 쉽지 않다. 제대로 된 신앙인, 사회인으로 산다는 것은 힘든 일이다. 비즈니스도 잘하면서 하나님의 공의를 드러내기란 어려운 일이다. 하지만 균형 잡힌 그리스도인은 신앙인과 사회인의 경계선에서 거룩한 긴장을 유지하며 건강하게 살아가야 한다. 이 긴장을 늦추지 않을 때 우리도 다니엘처럼 지혜로운 믿음의 증거자가 될 수 있다.

☞ 신앙의 정체성을 선포한 자의 기도

사랑의 주님, 젊어서나 늙어서나 상황이 좋을 때나 나쁠 때나 늘 하루 세 번 무릎 꿇고 주님께 감사기도를 드렸던 다니엘을 통해 귀한 도전을 주시니 감사합니다. 세상은 우리의 신앙을 가만 두지 않습니다. 하지만 하나님, 우리를 지켜주옵소서. 어떤 꼬투리도 나오지 않을 만큼 성실하며, 진실하며, 정직하게 세상을 살게 하옵소서. 그리하여 제가 하나님의 자녀로서 부끄러움이 없는 삶을 살게 하옵소서. 하나님께서 주시는 능력을 덧입게 하옵소서. 다니엘이 누렸던 권능과 지혜와 담대함을 저에게도 허락해 주옵소서. 하나님 앞에서나 세상 앞에서 충성된 자로 살게 하옵소서. 찬바람 북풍한설이 와도 그 푸름을 잃지 않는 상록수처럼 어떤 어려움과 고난이 와도 세상에 타협하지 않고, 세상에 무릎 꿇지 않고 영적 지조와 절개를 지키며 살게 하소서. 자주 장사 루디아가 훌륭한 여류실업가로서 빌립보 교회 개척의 기둥이 되었던 것처럼 나의 삶이 하나님의 주권을 이 땅에 확장하고 하나님 나라를 세우는 데 쓰임 받게 도와주옵소서. 예수님의 이름으로 기도합니다. 아멘.

05 위기의 순간이 구원의 순간이다
사자 굴에 던져진 다니엘(2) (단 6:15-28)

하나님은 어디에 계시는가

하나님은 다니엘을 사자 굴에서 보호하셨지만, 언제나 하나님의 사람들을 결정적인 위험에서 물리적으로 보호하신다고는 말할 수 없다. 지금도 많은 그리스도인들이 순교를 당하고 있기 때문이다.

대부분의 그리스도인이 이런 슬픈 소식을 들으면 마음속으로 두 가지 생각이 교차할 것이다. 의심과 희망, 자책감과 소망, 분노와 믿음 같은 것들이다. 믿는 이들에게 일어나는 고통스런 핍박에 대해 우리는 어떤 말을 할 수 있을까.

이러한 질문들이 생길 때가 바로 우리가 영적으로 한걸음 더 성숙할 수 있는 기회이다. 이 질문들 사이에서 우리는 과연 믿음이 무엇인지, 십자가의 은혜가 무엇인지, 고통 가운데서 신앙생활을 지켜나가는 것이 무엇인지를 깨닫게 될 것이다.

리처드 백스터라는 신실한 청교도 목회자는 이렇게 말했다. "하나님의 백성들은 그들이 지금 당하는 핍박으로부터 구원받고 해결받기보다는 그들 자신이 핍박받을 만한 자격이 있는지에 더 많은 관심을 가져야 한다. 핍박을 당할 자격이 있다는 것은 우리의 신앙이 진실됨을 증거하는 것이라고 말할 수 있다."

그의 말에 따르면 하나님이 우리를 믿어주시기 때문에 핍박당한다는 것이다.

1993년 남아프리카 공화국의 수도 케이프타운에 있는 성요한 교회가 기독교를 적대시하는 폭도들의 공격으로 11명이 죽고 55명이 부상을 당하는 비극을 겪었다. 이 비극을 경험하고 나서 레티에프 목사님은 이렇게 고백했다.

"하나님은 우리가 그리스도를 믿기로 한 바로 그 순간 고통과 고난의 세계로부터 우리를 떼어놓지 않으신다. 성경에 의하면 하나님이 우리를 훈련하시는 과정 중에는 타락한 세상에 그대로 남겨두는 것이 포함된다. 그렇게 함으로써 우리는 위험 세력들과 그들의 방해에 대처해 가는 과정 속에서 자신의 신앙을 검증 받으며, 거룩해지는 법을 배우게 된다."

하나님은 물론 다니엘을 사자 굴에서 구하셨듯이 모든 핍박에서 우리를 구원하실 수도 있다. 베드로와 바울도 감옥에 갇혀 기도할 때 옥에서 건짐을 받았다. 하지만 그렇지 않은 경우도 있다. 요한의 형제, 사도 야고보는 참수형을 당했다.

히브리서 11장은 믿음 장이다. 1절부터 35절까지는 믿음의 영웅들이 기록되어 있다. 그들은 기적적으로 구원을 받았고, 능력을 행했으며, 세상이 감당치 못할 은혜를 누렸다. 그런데 36절에는 어떤 이들은 신실하게 예수님을 믿었어도 조롱과 채찍질과 결박과 옥에 갇히는 시련을 받았다고 기록하고 있다.

"또 어떤 이들은 조롱과 채찍질뿐 아니라 결박과 옥에 갇히는 시련도 받았으며 돌로 치는 것과 톱으로 켜는 것과 시험과 칼로 죽임을 당하고 양과 염소의 가죽을 입고 유리하여 궁핍과 환난과 학대를 받았으니"(히 11:36-37).

왜 어떤 이들은 양과 염소의 가죽을 입고 유리한다고 했는가. 1세기 때는 로마 황제를 신처럼 섬기지 않으면 핍박받았다. 지금도 터키의 카파도기아에 가면 그리스도인들이 생활했던 지하 동굴을 볼 수 있다. 당시 그리스도인들은 발견되면 죽으니까 지하에서 생활하다가 동굴 밖으로 나올 때는 양과 염소의 가죽옷을 뒤집어쓰고 다니는 구차하고도 슬픈 삶을 살았다.

그런데 주님은 왜 어떤 사람들은 구원하시고 어떤 사람들은 어려움을 주시는 것일까. 유대인 대학살에서 살아남은 생존자이며, 노벨평화상 수상자였던 엘리 위젤은 이런 글을 썼다.

당시 나치의 포악한 정권은 열세 살 정도밖에 되지 않은 소년을 교수대에 목매달고는, 모든 수감자들을 그 목매단 소년의 교수대 앞으로 행군하게 했다. 그 처참한 광경을 보다가 하나님을 믿던 한 사람이 나에게 이렇게 의문을 제기했다.

"저렇게 비참한 상황에서 하나님은 어디 계시는 겁니까? 열세 살 순진한 소년이 목매달리는 순간에 도대체 하나님은 어디 계시는 거냐고요."

나는 하나님께 물었다.

"하나님, 어디에 계십니까?"

그러자 마음속이 뭉클하면서 깨닫게 하시는 음성이 들려왔다.

"하나님이 어디 계시냐고? 지금 열세 살 소년이 달려 있는 그 교수대에 함께 달려 계신다. 그 고통의 자리에 주님이 함께 계시고 함께 고통당하신다."

우리의 삶에 위기가 닥치지 않았다고 해서 우리가 안전한 것은 아니다. 우리가 처한 곳이 가장 안전한 곳인 이유는 우리에게 고통이나 위기가 없기 때문이 아니라 바울이 로마서에서 말한 이 진리 때문이다.

"누가 우리를 그리스도의 사랑에서 끊으리요 환난이나 곤고나 박해나 기근이나 적신이나 위험이나 칼이랴"(롬 8:35).

세상의 모든 적들, 고통, 위기보다 강하신 그분이 우리와 함께 계신다. 교수대에 목매달려 있는 그 순간에도 위대하신 주님이 함께하시기에 가장 안전한 것이다. 환난이나 곤고나 박해나 기근이나 적신이나 위험이나 칼이라도 그리스도의 사랑에서 우리를 끊어낼 것이 없다. 언제 어느 순간이든지 우리가 결코 혼자 서 있지 않다는 사실을 믿는 믿음의 길을 걸어가야 할 것이다.

부당한 핍박에서 일어날 용기

"왕이 이 말을 듣고 그로 말미암아 심히 근심하여 다니엘을 구원하려고 마음을 쓰며 그를 건져내려고 힘을 다하다가 해가 질 때에 이르렀더라 그 무리들이 또 모여 왕에게로 나아와서 왕께 말하되 왕이여 메대와 바사의 규례를 아시거니와 왕께서 세우신 금령과 법도는 고치지 못할 것이니이다 하니"(단 6:14-15).

당시 페르시아제국의 황제였던 다리오 왕은 현존하는 신이었다. 이 다리오 왕이 아첨꾼에게 깜빡 속아서 다니엘은 사자 굴 속에 던져질 수밖에 없는 상황에 처해졌다.

하지만 현존하는 신으로 추앙받는 왕이 도장을 찍은 것은 변개할 수가 없었다. 신은 실수할 리 없으니 말이다. 또 덩치가 큰 메대 페르시아 제국을 통치하기 위해서는 한 번 확정된 법령을 쉽게 고치면 안 되었다.

다리오 왕은 진퇴양난에 빠졌다. 법을 고칠 수는 없고, 다니엘은 살리고 싶었다. 다리오 왕은 다니엘이 얼마나 충성되고 신실하고 그 큰 페르시아 제국을 통치하는 데 있어서 없어서는 안 될 충신인 것을 알았기 때문에 다니엘을 놓치고 싶지 않았다.

"왕이 궁에 돌아가서는 밤이 새도록 금식하고 그 앞에 오락을 그치고 잠자기를 마다하니라"(단 6:18).

왕이 오락을 그치고 잠자기를 마다하고 금식까지 했다는 것은 대단한 사건이다. 『아라비아의 천일야화』를 보면 당시 페르시아제국의 황제가 밤마다 오락을 즐긴 것을 알 수 있다. 가무를 하든지, 희극인을 데려다 쇼를 한다든지 해서 나름대로 즐거움을 누려야 잠에 들 수 있었다. 큰 제국을 통치하다 보면 스트레스가 많아서 그랬는지도 모르겠다.

그런 왕이 다니엘 때문에 금식하고 잠을 못 잤다는 것이다. 사자 굴 속에 던져진 다니엘이 어떻게 되었을까 걱정하다가 새벽같이 일어나 급히 사자 굴로 갔다.

"이튿날에 왕이 새벽에 일어나 급히 사자 굴로 가서 다니엘이 든 굴에 가까이 이르러서 슬피 소리 질러 다니엘에게 묻되 살아 계시는 하나님의 종 다니엘아 네가 항상 섬기는 네 하나님이 사자들에게서 능히 너를 구원하셨느냐 하니라"(단 6:19–20).

요즘도 많은 사람들이 묻는다. "과연 너희들이 믿는 그 하나님이 너희를 능히 살리셨느냐?" 이 질문에 다니엘은 대답할 말을 가지고 있었다. 우리 역시 대답할 말을 가지고 있어야 한다.

"다니엘이 왕에게 아뢰되 왕이여 원하건대 왕은 만수무강 하옵소서 나의 하나님이 이미 그의 천사를 보내어 사자들의 입을 봉하셨으므로 사자들이 나를 상해하지 못하였사오니 이는 나의 무죄함이 그 앞에 명백함이오며 또 왕이여 나는 왕에게도 해를 끼치지 아니하였나이다 하니라"(단 6:21–22).

다니엘은 하나님이 천사를 보내어 자기를 지켜 주셨다고 고백했다. "여호와의 천사가 주를 경외하는 자를 둘러 진치고 그들을 건지시는도다"(시 34:7). "그가 너를 위하여 그의 천사들을 명령하사 네 모든 길에서 너를 지키게 하심이라"(시 91:11).

다니엘은 자신이 어떤 환경을 만나든지, 설령 찢김을 당하고 죽음을 맞이해야 할지라도, 하나님께서 천사를 보내셔서 자신을 보호하신다고 믿었다. 이 순전한 믿음이 우리로 부당한 공격과 핍박에서 일어날 수 있는 용기를 주는 것이다.

또 다니엘은 지금 당장 세상 사람들 앞에서 해결이 안 된다 해도 하나님은 더 나은 본향을 예비하실 것이라는 믿음이 있었다. "이는 하나님이 우리를 위하여 더 좋은 것을 예비하셨은즉"(히 11:40).

1세기에 살았던 초기 그리스도인들도 이런 믿음을 가졌기에 화형대에서 몸이 불타오르고, 콜로세움에서 사자들에게 찢겨 죽임을 당하면서도 오히려 하나님을 찬송할 수 있었다.

그런데 하나님은 다니엘에게 왜 천사를 보내 구해 주셨을까. 다니엘은 하나님 앞에 무죄하고 거리낄 것이 없었기 때문이라고 말한다. 우리는 이 고백을 눈여겨보아야 할 것이다. 만약 지금 주님 앞에 거리끼는 것이 있다면 예수님의 보혈에 의지해서 씻어내야만 한다.

위기의 순간이 가장 안전하다

"왕이 심히 기뻐서 명하여 다니엘을 굴에서 올리라 하매 그들이 다니엘을 굴에서 올린즉 그의 몸이 조금도 상하지 아니하였으니 이는 그가 자기의 하나님을 믿음이었더라"(단 6:23).

다니엘은 풀무불 속에 던져졌던 다니엘의 세 친구들이 머리카락 하나 다치지 않았던 것처럼 조금도 몸이 상하지 않았다. 그 까닭은 다니엘이 하나님을 의뢰했기 때문이다.

구약에서는 믿음을 이야기할 때 대체적으로 두 가지 그림을 보여 준다. 첫 번째는, 아기가 어머니 품속에서 누리는 평안이다. 시편에는 젖뗀 아이의 평온이라는 표현이 나온다. 어머니의 젖을 실컷 먹고 만족하여 금방 젖을 뗀 아이는 세상에 부러울 것이 없다. 엄마 품에 있는 것이 제일 좋은 것이다.

'나는 노후 자금이 없는데, 은퇴하면 어떻게 될까?'

'취직도 못했는데, 내 미래는 정말 어떻게 될까?'

이런 고민 할 필요가 없다. 어머니가 아기에게 필요한 모든 것을 공급해 주고 보호해 주듯이, 하나님이 나를 아기처럼 품에 안으시고 반드시 지켜주실 것을 믿는 것이 믿음이다.

두 번째는, 성전을 떠받치고 지탱하는 든든한 기둥이다. 마치 거대한 기둥이 성전을 떠받치고 있는 것처럼, 하나님이 우리의 인생을 그분의 능력 있는 팔로 지키시고 떠받쳐 주신다는 것이다. 그래서 우리의 인생은 무너지지 않는다.

다니엘은 사자 굴 속에서도 아기가 어머니 품 안에서 누리는 듯한 평안을 누렸고, 하나님이 크신 팔로 자신의 인생을 떠받치고 무너지지 않도록 지키고 있음을 믿었다.

우리가 이런 다니엘의 역사를 믿는다면 큰 위기에 직면할 때가 사실은 가장 안전한 시기라는 말도 믿을 수 있다. 그때가 우리의 인생을 떠받치고 있는 기둥을 확인할 수 있는 때임을 깨닫게 된다.

열왕기하 6장에는 믿음에 대한 놀라운 이야기를 기록하고 있다. 아람 왕이 이스라엘을 치려고 열심히 공격했지만 승리하지 못했다. 알아보니 엘리사라는 하나님의 위대한 선지자 때문이라는 것을 알았다. 엘리사가 무슨 신통력이라도 가지고 있는지 수많은 아람 군대도 그를 도통 이길 수가 없었다. 결국 아람 왕은 엘리사를 죽이기로 결심하고 엘리사가 살고 있는 도단 성을 포위했다.

아침에 일어나 아람 군대가 도단 성을 물샐 틈도 없이 뺑 둘러싼 것을 보고, 그 몸종은 너무 두려워서 엘리사에게 이렇게 말했다.

"아, 내 주여, 우리가 어찌하면 좋겠습니까?"

그때 엘리사가 몸종에게 말했다.

"두려워하지 말라. 우리와 함께한 자가 저 밖에 있는 적군들보다도 훨씬 많으니라."

엘리사가 그렇게 말했는데도 몸종은 깨닫지 못했다.

"우리와 함께한 자가 어디 있어요? 눈을 씻고 봐도 하나도 없습니다."

그 순간 엘리사가 몸종의 영의 눈을 열고 깨닫게 해주었다. 영의 눈이 열려서 보니 하늘의 수많은 불 말과 불 병거가 구름처럼 빽빽하게 에워싸고 있었다.

가장 위기의 순간이야말로 하나님의 불 말과 불 병거가 나를 지키는 가장 안전한 시기임을 깨달을 수 있다. 이것을 깨닫는 순간이야말로 영안이 열리는 때이다. 우리는 성경 속에서 종종 하나님께서 자신의 백성들을 위기에서 구출해 내시는 장면들을 만날 수 있다.

이스라엘 백성들이 출애굽할 때, 등 뒤에는 애굽의 군사들이 쫓아오고 눈앞에는 홍해가 넘실거리고 있었다. 이래도 죽고 저래도 죽을 수밖에 없는 상황이었다. 하지만 하나님께서 홍해를 갈라주셔서 죽을 것만 같았던 절체절명의 순간을 가장 안전한 놀라운 은혜의 사건으로 바꿔 주셨다(출 14장).

또 예수님 시대에는 이런 일도 있었다. 밤바다에 풍랑이 일자, 예수님의 제자들은 이제 다 죽게 되었다고 야단이었다. 제자들이 두려워 떨며 "아이고, 주님, 우리가 다 죽게 생겼습니다. 얼른 일어나 보세요" 하고 배 밑바닥에서 잠자고 계신 예수님을 흔들어 깨웠다. 그러자 예수님이 풍랑을 꾸짖어 바다를 잠잠케 하셨다. 제자들은 그 위기의 상황에서 비로소 자연마저 주님의 말에 순종하는 놀라운 광경을 보게 되었다. 위기의 상황이 만물의 주인 되신 주님을 만나는 축복의 순간이 된 것이다(마 8:23-27).

구약 시대에는 많은 선지자들이 하나님께 물었다. 하박국 선지자도, 시편 기자들도 하나님께 질문했다.

"하나님, 어디 계십니까?"

심지어 이사야 선지자도 하나님께 이런 질문을 한 적이 있다. "오직 시온이 이르기를 여호와께서 나를 버리시며 주께서 나를 잊으셨다 하였거니와"(사 49:14).

그런데 놀랍게도 신약의 사도들은 한 번도 '하나님이 살아 계시다면 어떻게 이럴 수 있는가?'라는 의문을 제기한 적이 없다. 그 이유는 무엇일까.

사도들은 주님과 함께 사역하면서 고통의 순간에 주님이 어떻게 해 주셨는지를 몸소 체험했기 때문이다. 주님은 자식을 잃고 고통받는 나인성 과부의 아들을 살려 주셨고, 혈우병 앓는 여인이 고통당하고 슬퍼할 때 그녀의 병을 즉시로 고쳐 주셨으며, 사람들에게 손가락질 받던 우물가의 사마리아 여인을 찾아가 만나 주셨고, 사람들이 개처럼 여기던 세리와 창녀들과 함께 식사하시며 그들의 마음을 위로해 주셨다. 죄 때문에 큰 병을 얻었다고 모두들 마주앉기를 꺼려하던 소경과 문둥병 환자들을 직접 만지시고 낫게 해주셨다. 주님이 삶의 큰 고통 속에 빠진 사람들을 어떻게 대해주셨는지 보면서, 주님의 마음이 어디에 있는지 그들은 분명하게 실감했다.

그뿐인가. 주님이 결국에는 자신의 몸마저 십자가의 희생 제물로 드리고 다시 부활하심으로 말미암아 하나님의 자녀들을 영원한 죽음에서 구원하셨다는 것을 알았다. 사도들은 죽기까지 자신들을 사랑하신 주님이 어떤 상황에서도 버리지 않으실 것을 알았다.

우리 주님은 암탉이 그 새끼를 날개 아래에 모음같이 내가 내 자녀를 모은다고 말씀하셨다. "예루살렘아 예루살렘아 선지자들을 죽이고 네게 파송된 자들을 돌로 치는 자여 암탉이 그 새끼를 날개 아래에 모음같이 내가 네 자녀를 모으려 한 일이 몇 번이더냐"(마 23:37).

암탉이 새끼를 모은다는 것이 무슨 뜻인가? 예전에 이런 이야기를 들은 적이 있다. 닭을 치는 헛간에 불이 났는데, 서둘러 불을 끄고 보니 암탉이 날개를 펼친 채 바닥에 검게 타 죽어 있었다. 죽은 암탉을 치우려고 날개를 거두는 순간 그 날개 밑에서 작은 병아리들이 삐악삐악 소리 내며 기어 나왔다. 암탉은 자신의 생명을 희생하면서까지 새끼를 지켰던 것이다.

제자들은 주님이 암탉이 새끼를 품듯 자신들을 품속에 품고 있다는 사실을 확신했기 때문에, 1세기 초대교회 시절에 로마제국의 모진 핍박 아래에서도 주님이 왜 이런 고통을 허락하시는지 의문을 제기하지 않았던 것이다.

하나님의 보상법칙

"왕이 말하여 다니엘을 참소한 사람들을 끌어오게 하고 그들을 그들의 처자들과 함께 사자 굴에 던져 넣게 하였더니 그들이 굴 바닥에 닿기도 전에 사자들이 곧 그들을 움켜서 그 뼈까지도 부서뜨렸더라"(단 6:24).

고증에 보면 사자 굴은 사자들이 이쪽저쪽으로 왔다 갔다 할 수 있을 만큼 커다란 구덩이였다. 사자를 관리하는 사람들은 사자를 자주 굶겨서 대단히 예민한 상태로 만들었다. 그래야 죄인이 떨어졌을 때, 즉시 처형할 수 있기 때문이다. 하나님의 천사가 입을 봉해서 이 사자들이 다니엘은 건드릴 수 없었지만 다니엘을 참소했던 이들은 그 뼈까지도 부서뜨려 먹었다.

이들은 다니엘을 죽이려고 했지만 결국은 자신들이 목숨을 잃고 말았다. 하나님의 사람들을 무고하게 해치려고 하는 자는 하나님이 반드시 이처럼 보복해 주신다.

우리 하나님은 보상의 하나님이시다. 하나님 나라의 법칙은 심는 대로 거두는 것이다. 물론 이 보상의 법칙에는 예외가 있다. 예수님을 믿는 이들이 범한 죄의 대가는 예수님이 피 값으로 이미 지불하셨기 때문에, 우리가 더 이상 그 대가를 지불하지 않아도 된다. 하지만 사람들이 하는 모든 일에 대해서는 반드시 대가를 치러야 한다. "한 번 죽는 것은 사람에게 정해진 것이요 그 후에는 심판이 있으리니"(히 9:27).

하나님 나라의 보상의 법칙은 무서우리만큼 정확하다. 이스라엘 백성들이 애굽의 고센 땅에 있을 때 지나치게 번성한다는 이유로 남자아이들을 다 죽였던 애굽의 황제는 애굽의 모든 초태생이 다 죽어나가는 것을 목도해야만 했다.

하나님을 섬기던 유대인 모르드개를 눈의 가시처럼 못마땅하게 생각했던 하만은 그를 장대에 매달아 죽일 계획을 세웠다. 하지만 결국은 자신이 그 장대에 매달려 죽고 말았다.

대가의 법칙을 잊지 않는다면 우리는 묵묵하게 우리의 신앙을 지킬 수 있다.

세속 문화라는 사자 굴

"이에 다리오 왕이 온 땅에 있는 모든 백성과 나라들과 언어가 다른 모든 사람들에게 조서를 내려 이르되 원하건대 너희에게 큰 평강이 있을지어다 내가 이제 조서를 내리노라 내 나라 관할 아래에 있는 사람들은 다 다니엘의 하나님 앞에서 떨며 두려워할지니 그는 살아 계시는 하나님이시요 영원히 변하지 않으실 이시며 그의 나라는 멸망하지 아니할 것이요 그의 권세는 무궁할 것이며 그는 구원도 하시며 건져내기도 하시며 하늘에서든지 땅에서든지 이적과 기사를 행하시는 이로서 다니엘을 구원하여 사자의 입에서 벗어나게 하셨음이라 하였더라"(단 6:25-27).

다니엘이 사자 굴에서 살아난 것을 보고, 다리오 왕은 하나님이 하나님 되심을 선포하게 된다. 이 믿음의 선포는 모세나 바울이 선포한 것에 버금가는 놀라운 선포다. 다니엘이 이 세상에서 믿음을 지켰기 때문에, 이 세상의 왕이 그 믿음을 보고 하나님의 살아 계심을 믿게 된 것이다.

믿지 않는 세상 사람이 나의 믿음 때문에 놀라운 믿음의 선포를 하게 된다면, 이방 땅에서 우리가 고통받을 때도 충분히 소망을 가질 수 있다.

다니엘 시대의 사탄은 다니엘을 사자 굴 속에 던져 넣으려 했지만, 이 시대의 사탄은 그리스도인들을 세속 문화라는 사자 굴 속에 던져 넣고 있다. 얼마나 많은 그리스도인들이 이런 문화의 공격을 받아 피를 흘리며 영적인 죽음을 당하고 있는지 모른다. 술, 담배, 인터넷, 포르노, 도박, 마약, 페미니즘, 진화론, 코뮤니즘, 자본주의에 청춘을 바치고 있다.

얼마 전에 있었던 교회갱신협의회 수양회에서 유명한 대학교 교수님이 이런 이야기를 들려주었다.

한 통계에 의하면 학생들 100명 중 95명의 남학생들이 술을 마시고, 90명의 여학생들이 술을 마신다고 한다. 그 교수님은 이런 학교 현실에 통탄해 하며 수업시간마다 금주금연 팸플릿을 나눠주었다. 술과 담배를 하지 말아야 하는 까닭은 안식교처럼 건강에 해로워서도 아니고, 이슬람처럼 율법적으로 금지된 것이기 때문도 아니다. 술과 담배는 내가 하나님의 사람으로 헌신하고 결단하는 데 해롭기 때문이다.

한번은 목사님 딸인 학생과 또 다른 학생이 교수님 방에 쫓아와 울먹이면서 이런 이야기를 했다.

"교수님, 제가 교회음악과 신입생 환영회를 갔는데 신입생들에게 막 술을 퍼주는 거예요. 그래서 제가 가방까지 내버려두고 빠져나왔어요."

"교수님, 저는 선교사들이 세운 이 학교에 오려고 새벽기도까지 하며 열심히 공부했는데, 막상 학교에 와 보니 완전 술판이에요."

그래서 교수님은 이렇게 대답했다고 한다.

"너희들이 선배가 되어서는 그렇게 하지 않으면 되지 않을까?"

사실 이것은 현대 그리스도인의 슬픈 자화상을 보여 주는 단편적인 사례에 지나지 않는다. 우리의 삶을 조금만 돌아본다면, 우리가 얼마나 많은 세상 문화와 염려와 자기애와 자기 자랑이라는 사자 굴에 던져져 있는지 알게 될 것이다.

"근신하라 깨어라 너희 대적 마귀가 우는 사자 같이 두루 다니며 삼킬 자를 찾나니 너희는 믿음을 굳건하게 하여 그를 대적하라 이는 세상에 있는 너희 형제들도 동일한 고난을 당하는 줄을 앎이라 모든 은혜의 하나님 곧 그리스도 안에서 너희를 부르사 자기의 영원한 영광에 들어가게 하신 이가 잠깐 고난을 당한 너희를 친히 온전하게 하시며 굳건하게 하시며 강하게 하시며 터를 견고하게 하시리라"(벧전 5:8-10).

사탄이 우는 사자같이 우리를 괴롭히고 공격한다 할지라도, 주님을 향한 순박하고 신실한 믿음을 굳게 해야 한다. 왜냐하면 지금 당하는 고난은 잠깐이며, 고통 속에 있는 우리를 주님이 친히 온전케 하시고, 굳건하게 하시고, 강하게 하시며, 우리의 신앙의 틀을 견고하게 하시기 때문이다.

사자 굴에서 건짐 받은 자의 기도

사자 굴에 던져진 다니엘과 함께하시고 굶주린 사자의 입을 막아주신 하나님을 찬양합니다. 위기의 순간마다 하나님이 어디 계시는지 의심했음을 회개합니다. 그 위기의 순간이 구원의 순간임을 깨닫습니다. 하나님의 침묵이 모른 척하는 것이 아닌 함께 고통을 넘고 계심을 깨닫게 하시니 감사합니다. 저에게 다니엘과 같은 믿음을 주옵소서. 어떤 상황이 와도 천사를 보내서 보호해 주시는 하나님을 확신하게 하옵소서. 그래서 어떤 부당한 핍박에서도 견디게 하시고 보응해 주시는 하나님을 의지하게 하옵소서. 엘리사의 몸종의 눈을 열어서 하늘의 불병거를 볼 수 있게 하신 하나님, 도무지 왜 내가 이런 어려움을 당해야 하는지 억울하고 내 삶이 무너지는 것 같을 때 저의 영적인 눈을 열어 주셔서 하나님의 불말과 천사들을 보게 하옵소서. 그리하여 힘을 얻고 용기를 얻어 정면 돌파하게 하옵소서. 하나님의 지켜 주심과 승리하게 하심을 보게 하옵소서. 그래서 주님을 향한 순박하고 신실한 믿음을 굳게 지켜나가게 도와주옵소서. 예수님의 이름으로 기도합니다. 아멘.

PROPHECY

2부
하나님의 예언은 이루어진다

06 뜨인 돌에 무너지는 제국들
느부갓네살 왕을 향한 예언(단 2:1-45)

지금은 어두운 시대다. 많은 사람들이 좌절하고 젊은이들은 소망 없이 이리저리 헤매고 다닌다. 인생의 무게에 짓눌려서 벌벌 떠는 이들도 많다. 이런 세상에서 우리 인생이 붙잡을 수 있는 참된 깃발, 소망의 언덕을 발견할 수 있을까? 베드로 사도는 말한다. "또 우리에게는 더 확실한 예언이 있어 어두운 데를 비추는 등불과 같으니 날이 새어 샛별이 너희 마음에 떠오르기까지 너희가 이것을 주의하는 것이 옳으니라"(벧후 1:19).

소망 없이 캄캄한 이 시대에 우리는 어두운 데 비추는 등불 같은 이 예언의 말씀을 소리 높여 선포해야 한다. 예언의 말씀은 빛을 비추라고 주신 말씀이다. 그래서 젊은이들과 장년층에게 가장 권하고 싶은 구약 책 한 권을 선택하라면 나는 주저 없이 다니엘서를 선택한다. 다니엘서의 주제는 "타락한 세상(바벨론)에서 하나님의 자녀답게 사는 법"이다.

그것은 정면 돌파다. 거대한 파도와 같은 바벨론의 고통스런 상황에서 우리의 주인 되시는 하나님의 통치를 확인하고 파도를 향해 정면을 향하는 것이 구원의 시작이다. 그럴 때 바벨론은 신앙의 승부처가 된다.

잘못된 도움에는 미래가 없다

"느부갓네살이 꿈을 꾸고 그로 말미암아 마음이 번민하여 잠을 이루지 못한지라"(단 2:1).

느부갓네살 황제가 바벨론제국을 모두 장악하고 난 다음 번민 속에 빠졌다. 왜냐하면 나라를 잘 다스려보려고 하는데, 그것이 말처럼 쉽지 않았던 것이다. 그도 피조물인 인간인데, 게다가 요즘처럼 인터넷도 없고 언론매체도 없이 무슨 힘으로 통치를 했겠는가. 그는 번민 속에서 꿈을 꾸었다.

느부갓네살 왕은 밤새도록 악몽에 시달렸다. 그런데 깨어나 보니 도무지 그 꿈이 기억나지 않았다. 느부갓네살 왕은 바벨론에 있는 모든 박수, 술객, 점쟁이, 술사를 다 모았다. 요즘 식으로 말하면 잘 알아맞힌다고 하는 용한 점쟁이들을 다 불러들였다는 뜻이다. 그는 모두 모아놓고 자신의 꿈을 해석하라고 했다.

"왕이 갈대아인들에게 대답하여 이르되 내가 명령을 내렸나니 너희가 만일 꿈과 그 해석을 내게 알게 하지 아니하면 너희 몸을 쪼갤 것이며 너희의 집을 거름더미로 만들 것이요"(단 2:5).

그들이 왕에게 물었다.

"어떤 꿈을 꾸셨는지 말해 주시면 저희가 해석해 드리겠습니다."

그랬더니 느부갓네살 왕은 꿈을 말해 주지 않았다. 예언자들이 물었다.

"아니, 꿈을 말씀해 주셔야 해석을 해드릴 수 있지요."

느부갓네살 왕이 말했다.

"너희들은 박사가 아니냐. 미래에 대한 예언자라고 하지 않았느냐? 나는 잘 모르겠다. 기억도 안 난다."

술사들이 말했다.

"왕께서 물으신 것은 어려운 일이라 육체와 함께 살지 아니하는 신들 외에는 왕 앞에 그것을 보일 자가 없나이다"(단 2:11).

왕은 술사들을 의지했지만, 그들은 오히려 우리 힘으로는 되지 않고 하나님 외에는 이 일을 해결할 분이 없다고 고백했다. 인생의 가장 깊은 곳은 사람이 풀 수 없는 것이다.

내가 목회자로서 부끄러워 몸 둘 바를 모를 때는, 예수님을 믿는다고 하면서도 별점과 강신술과 무당과 굿과 점에 빠진 사람들을 만났을 때이다. 공신력 있는 신문을 펼쳐 봐도 오늘의 운세, 금주의 운세, 별자리로 알아보는 운세 등의 코너가 있다. 관상, 사주, 운세, 별자리는 분명히 하나님이 미워하시는 것이다. 가슴 아픈 것은 교회 안에서도 이것을 하나님이 싫어하신다는 사실조차 모른 채 그저 재미삼아 보는 젊은이들이 참 많다는 것이다.

지금 대한민국에는 약 100만 명의 점쟁이가 있다고 한다. 그런데 역술인, 철학관 같은 곳에 오는 사람들 중에 30퍼센트가 기독교인이라는 소식을 들으면 나는 낯이 뜨거워진다. 장래와 이성 관계, 가정문제에 대한 확신과 소명이 오죽 없었으면 예수님을 믿는다고 하면서 점쟁이 앞에서 어떻게 될지를 묻겠는가. 무엇이 그렇게 겁이 나서 예수 믿는다고 하면서도 점쟁이 앞에 가서 계시해 달라고 하는가.

분명히 기억하라. '계시'는 주님이 주시는 것이다. 성경에서는 점쟁이와 무당과 굿과 역술을 엄하게 대하신다. 점 치고 싶은 유혹을 분명하게 거절하라. 이리 저리 이유 대면서 한번쯤 하는 유혹을 정면 돌파하라. 하나님은 미신과 점술행위를 징벌하시고 미워하신다. 미신과 점술은 하나님의 진리와 권위를 가리는 것이다. 거짓 선지자들의 특징은 무당과 미신과 점술가들과 결탁하는 것이다. 이 미신과 점술의 배후에 하나님을 대적하는 사탄의 세력이 있다는 것을 잊지 말라. 하나님이 아닌 다른 그 무엇에 잘못된 도움을 의지하는 사람에게는 하나님께서 주시는 미래가 없음을 기억하라.

제국의 흥망성쇠

왕의 근위대장이 한 손에는 칼을 들고 한 손에는 왕의 명령서를 들고 다니엘과 그 친구들을 찾아 나섰다. 꿈을 해석하지 못할 때 다니엘과 그 친구들은 죽은 목숨이나 다름없었다.

> "왕의 명령이 내리매 지혜자들은 죽게 되었고 다니엘과 그의 친구들도 죽이려고 찾았더라 그때에 왕의 근위대장 아리옥이 바벨론 지혜자들을 죽이러 나가매"(단 2:13-14).

다니엘은 이런 끔찍한 상황을 자신의 힘으로는 아무리 다스리려고 해도 되지 않는다는 사실을 알았다. 다니엘은 그저 하나님이 자신을 사로잡아주시기를 원했다. 하나님은 다니엘을 통해 그 꿈을 해석하게 하셨다.

다니엘은 먼저 느부갓네살 왕이 어떤 꿈을 꾸었는지를 이야기했다. 다니엘은 왕이 꿈에서 머리는 금, 손과 팔은 은, 배와 넓적다리는 놋, 종아리는 쇠, 발은 쇠와 흙이 혼합되어 있는 큰 신상을 보았다고 말했다(단 2:31-35). 그리고 나서 이 꿈이 무슨 꿈인지 해석했다. 먼저 머리가 금이라는 것은 바벨론제국을 말하고 은으로 된 팔과 다리는 바벨론제국을 이어 나타날 제국을 말한다고 풀이했다. 그러니까 금, 은, 놋, 쇠, 흙이 섞인 것, 이런 것들이 뜻하는 것은 세상 나라의 흥망성쇠를 뜻한다는 것이다. 한번 흥했다고 그것이 영원히 갈 수는 없다.

생각해 보라. 바벨론제국이 얼마나 강한 제국이었는가. 앗수르제국을 무너뜨린 나라였다. 그런데 조금 뒤에 더 큰 강대국한테 망한다는 것이다.

이 꿈은 하나님의 예언이었고, 하나님은 이 예언을 실현하셨다. 역사적으로 봤을 때 페르시아제국이 바벨론제국을 무너뜨렸으니 말이다. 그런데 페르시아제국도 영원할 줄 알았는데, 그 뒤에 알렉산더가 나타났고, 알렉산더 대왕은 천하를 호령하며 당시 세계 최대의 제국을 이루었다. 하지만 그 헬라제국마저도 로마제국의 손에 무너지고 말았다.

로마의 영광과 위엄이 얼마나 위대했겠는가. 하지만 로마대제국도 사라졌다. 그 다음에는 대영제국이 일어났지만, 곧 무너졌다. 지금 세계를 호령하는 나라가 미국이지만, 미국도 언젠가 망할 수 있다. 또 불처럼 일어나는 중국도 없어질 수 있다. 아무리 대단한 나라라 할지라도 그보다 더 대단한 나라가 일어서기 마련이다. 이것이 세상의 역사다.

얼마 전 중국에서는 1800년부터 2000년까지 약 200년간 세계를 호령했던 나라들의 흥함과 쇠함을 다큐멘터리로 제작하여 방송했다. 네덜란드에서 시작하여 현재의 강대국 미국의 부흥까지 대국들의 부흥과 쇠퇴를 다루었다. 이후에 대국이 될 자신들의 중국을 미리 준비하자는 뜻일 것이다. 하지만 아무리 이렇게 준비를 한들 하나님의 계획 안에서 제국들의 흥망성쇠는 결정된다. 더 강한 자가 강한 자를 넘어서는 것이다. 하나님의 뜻은 이들의 강함을 넘어서고 있다.

하늘로부터 내려온 뜨인 돌

"또 왕이 보신즉 손대지 아니한 돌이 나와서 신상의 쇠와 진흙의 발을 쳐서 부서뜨리매 그때에 쇠와 진흙과 놋과 은과 금이 다 부서져 여름 타작 마당의 겨 같이 되어 바람에 불려 간 곳이 없었고 우상을 친 돌은 태산을 이루어 온 세계에 가득하였나이다"(단 2:34-35).

"손대지 아니한 돌"은 무엇인가? '뜨인 돌', 그러니까 떠 있는 돌을 말한다. 이 우상을 치는 뜨인 돌은 하늘의 지위를 버리시고 이 땅에 오신 예수 그리스도를 상징한다. 이 돌이 온 세계에 가득 찼다는 것은 어떤 제국이나 나라도 예수 그리스도의 능력 앞에서는 항복할 수밖에 없는 상황을 나타낸다.

하나님은 다니엘을 통해서 앞으로 나타나실 예수 그리스도의 사건을 예언하신다. 예수 그리스도의 사건이 무엇인가? 주님이 인간의 몸을 입고 이 땅에 오셔서 하늘의 크고 영원한 비밀을 알려 주신다는 것이다.

몇 년 전 인기를 얻었던 "죽은 시인의 사회"라는 영화가 있다. 그 영화의 명대사 중에 "카르페 디엠"이라는 라틴어가 있다. 이 말은 '오늘을 잡으라', '오늘을 살라'는 말이다. 그런데 "카르페 디엠"이 갖는 맹점이 있다. 그것은 내가 아무리 오늘을 붙잡으려 해도 붙잡지 못한다는 것이다. 오히려 오늘이 나를 붙잡는다. 내가 인생을 다스리는 것이 아니라, 인생의 사건이 오히려 나를 다스리는 데 문제가 있다.

어떤 사람들은 직장에서 해고당하고, 사업이 망해서 낙심에 사로잡혀 있다. 어떤 젊은이는 나이 마흔이 되어도 결혼을 못해서 슬픔에 사로잡혀 있다. 어떤 학생들은 대학에 낙방해서 절망에 사로잡혀 있다. 오늘에 나타난 환경과 사건이 나를 사로잡아 내 인생을 끌고 가는 것이 문제다.

그러므로 내가 오늘을 잡을 생각을 버리고, 내가 문제를 끌고 갈 생각도 버리고, 오로지 하나님이 나를 사로잡도록 해야 한다. 그렇지 않으면 문제가 나를 사로잡는 생활에서 벗어날 길이 없다.

사람들은 위대한 인물들이 인류의 역사를 써간다고 생각한다. 그러나 아니다. 하나님께서 다니엘처럼 세상의 두려움에 사로잡히지 않고, '하나님이 나를 사로잡아주실 것'을 믿고 확신하는 사람들을 통해 하나님 나라의 역사를 써 나가시는 것이다.

성경에는 '룻'이라는 여인의 이야기가 기록되어 있다. 룻의 남편은 갑자기 죽었다. 하지만 룻은 시어머니 나오미와 함께하시는 하나님을 보고 그 하나님을 믿게 되었다. 그래서 자신의 고향으로 돌아가지 않고, 시어머니를 따라 시어머니의 고향 베들레헴으로 갔다. 과부여서 경제적으로 힘든 상황이 많았을 텐데, 그녀는 하나님께 자신을 의탁했다. 그때 하나님은 룻에게 보아스를 허락하셨다. 보아스와 결혼해 오벳을 낳았고, 결국은 다윗의 증조모가 되었다.

또 '한나'라는 여인이 있었다. 그녀는 자식을 낳지 못해서, 남편의 첩에게 놀림까지 당했다. 한나는 비참한 심정으로 하나님 앞에 기도했다. 얼마나 눈물을 흘리며 비통하게 기도했던지, 술 취한 여자로 오해받아 성전에서 내쫓길 뻔하기도 했다. 하나님은 한나의 믿음을 보시고, 아들 사무엘을 주셨다. 사무엘은 하나님께 귀히 쓰임 받았으며, 다윗에게 기름을 부어 왕으로 세우고 하나님 나라를 펼치는 일을 했다.

하나님은 이렇게 오늘의 상황과 난관들을 정면 돌파하고 자신을 온전히 하나님 앞에 맡기는 사람들을 택하신다. 세상의 환경이나 어려움에 사로잡힌 사람이 아니라, 하나님이 나를 사로잡으실 것임을 믿는 소박한 사람들을 통해 하나님의 역사를 펼치시는 것이다. 그 사람들을 사로잡으셔서 하나님의 나라를 이어가신다.

1909년 존 모트(John Mott)가 한국에 왔다. 학생이었던 존 모트는 구두수선공이었던 D. L. 무디의 설교를 듣고 인생을 주님께 드리기로 결심했다. 그는 인생을 적당히 살지 않겠다, 환경에 의해서 인생을 낭비하지 않겠다, 하나님이 나를 쓰시면 좋겠다는 마음으로 한국에 왔다.

존 모트가 한국에 와서 강의할 때 한국의 젊은이들은 눈빛을 반짝이며 들었다. 그의 제자 중에서 이상재와 김규식 등 구한말의 위대한 인물 200여 명이 배출되었다. 그 사람들을 통해 105인 사건과 3.1 운동을 펼칠 수 있는 힘을 갖추게 되었다.

존 모트는 지금은 SVM(Student Volunteer Movement) 운동의 선구자로 불리지만, 원래는 학생이었을 뿐이다. 그에게 영향을 준 D. L. 무디도 보잘것없는 구두수선공이었다. 그들은 위대한 사람들이 아니었다. 그들은 말할 수 없이 평범했지만, 상황에 사로잡히기보다는 하나님께 사로잡히기를 원했다. 내가 아무리 형편없어도 하나님을 경외하는 자를 하나님이 지키시고 사용하신다는 것을 믿었다. 환경이 아니라, 하나님이 나를 다스리도록 하라. 그러면 하나님은 반드시 '사건'을 일으키실 것이다.

모퉁잇돌, 예수 그리스도

성경에는 예수 그리스도를 종종 돌로 표현한다.

"너희와 모든 이스라엘 백성들은 알라 너희가 십자가에 못 박고 하나님이 죽은 자 가운데서 살리신 나사렛 예수 그리스도의 이름으로 이 사람이 건강하게 되어 너희 앞에 섰느니라 이 예수는 너희 건축자들의 버린 돌로서 집 모퉁이의 머릿돌이 되었느니라"(행 4:10-11).

당시 고대 근동사회의 원형집을 지을 때 중요한 것은 모퉁잇돌이었다. 모퉁잇돌은 중심돌로서, 우리 식으로 말하자면 머릿돌, 주춧돌이라는 뜻이다. 모퉁잇돌에 벽돌들을 서로 맞추어 기둥 없이 집을 지어나가는 것이다. 나중에 집을 무너뜨릴 때 모퉁이 돌을 탁 치면 집은 순식간에 무너지게 되어 있다.

예수님은 이 땅에 오실 때 초라하고 가난한 대단치 않은 모습으로 오셨다. 사람들은 예수님을 하찮게 취급했고, 예수님을 쓸모없는 사람으로 버렸다. 석공이 집을 지을 때 필요 없는 돌은 던져버리듯이, 예수님은 사람들에게 그렇게 버린 바가 되셨던 것이다. 그런데 예수님의 '결국'은 어떠했는가. 사람들은 예수님을 버렸지만, 예수님은 모퉁잇돌이 되셨다. 예수님은 이 땅에서 제자들을 훈련하시고, 십자가에서 돌아가시고, 부활하시고, 복음의 영광과 능력 속에서 가장 중요한 머릿돌이 되셨다.

베드로는 예수님의 애제자였지만, 예수님이 십자가에 달려 돌아가실 때 예수님을 저주하고 모른다고 하면서 배반했다. 그런데 예수님이 은혜를 베푸셔서 베드로를 반석으로 건강하게 만들어 주셨다. 예수님은 바로 오늘도 우리 그리스도인들에게 이 은혜를 똑같이 베풀고 계신다. 예수 그리스도, 즉 뜨인 돌이 온 세상에 가득한 은혜를 주시는 것이다.

하나님께 사로잡힌 사람은 그야말로 이 놀라운 은혜의 비결을 아는 사람이다. 사도 바울은 우리가 하나님의 비밀을 맡은 자라고 했다. "사람이 마땅히 우리를 그리스도의 일꾼이요 하나님의 비밀을 맡은 자로 여길지어다"(고전 4:1).

하나님 앞에 사로잡힌바 된 다니엘은 급박한 상황 앞에서 이렇게 고백했다.

> "이에 이 은밀한 것이 밤에 환상으로 다니엘에게 나타나 보이매 다니엘이 하늘에 계신 하나님을 찬송하니라 다니엘이 말하여 이르되 영원부터 영원까지 하나님의 이름을 찬송할 것은 지혜와 능력이 그에게 있음이로다 그는 때와 계절을 바꾸시며 왕들을 폐하시고 왕들을 세우시며 지혜자에게 지혜를 주시고 총명한 자에게 지식을 주시는도다 그는 깊고 은밀한 일을 나타내시고 어두운 데에 있는 것을 아시며 또 빛이 그와 함께 있도다 나의 조상들의 하나님이여 주께서 이제 내게 지혜와 능력을 주시고 우리가 주께 구

한 것을 내게 알게 하셨사오니 내가 주께 감사하고 주를 찬양하나이다 곧 주께서 왕의 그 일을 내게 보이셨나이다 하니라"(단 2:19-23).

다니엘처럼 이런 고백을 해보라. 고백하는 순간 하나님께서 마음을 치유하시고 새롭게 해주실 것이다. 정면 돌파할 힘을 얻을 것이다.

하나님의 역사는 뜨인 돌 되시고 온 세상에 가득한 돌 되시고 주춧돌이 되시는 예수 그리스도께서 세상을 통치하실 것을 확신하고 소박하게 기도하는 한 사람을 통해 이루신다. 이런 마음을 품고 기도하면 우리가 발을 디딘 이 바벨론이 승부처가 될 수 있고, 우리는 복음의 일꾼으로 시대에 쓰임 받는 사람이 될 것이다.

이 복잡하고 거칠고 답답한 바벨론 같은 세상 속에서 하나님 아버지의 비밀을 맡은 자로서 은혜 베풀어 주시기를 소원하라. 도와줄 이가 없다면서 다른 엉뚱한 것에 의탁하지 말라. 오늘의 사건이나 환경이 나를 사로잡게 하지 말라. 오직 하나님만이 나를 사로잡으시도록 하라. 비록 내가 다른 사람보다 부족하고 대단하지 못하다 할지라도 하나님은 하나님을 경외하는 나를 사로잡아주실 것이다. 이 시대의 룻으로, 이 시대의 한나로, 이 시대의 존 모트로, 이 시대의 이상재로 사용하실 것이다.

내가 예수 그리스도의 능력을 믿고 나아갈 때, '바벨론'과 같은 내게 덮친 기막힌 상황은 '축복'이 될 것이다. 내가 발을 딛고 서 있는 현실은 꿈을 회복하는 장소가 될 것이다. 그래서 바벨론은 핍박의 장소만이 아니라 하늘문이 열리는 장소이기도 하다.

악이 비록 성하여도 진리 더욱 강하다

진리 따라 살아갈 때 어려움도 당하리

우리 가는 그 앞길에 어둔 장막 덮쳐도

하나님이 함께 계셔 항상 지켜주시리.

찬송가 521장을 부르다 보면, 나는 아직도 머리털이 쭈뼛 선다. 1970년대 중반 당시 계엄이 선포되고 대학의 캠퍼스 문은 닫혔다. 학생들은 데모하다가 감옥에 갇혔다. 시대는 암울하고 끔찍했다. 하지만 그런 상황에서도 하나님은 하나님의 꿈을 가진 사람들을 보호하시고 붙잡아 주셨다. 우리가 아무리 힘든 상황에 있어도 하나님은 살아 계신다. 하나님은 꿈을 허락해 주는 분이시다. 우리는 그 하나님을 믿어야만 한다.

기도하고 말씀을 받으라

하지만 다니엘의 꿈 풀이는 결국 당신은 망한다는 것이었다. 이 예언은 하는 사람도 쉽지 않고 듣는 사람도 어렵다. 이제 나의 제국이 다른 강한 제국에 의해 망할 것이라는 예언을 들었을 때, 이제 나의 나라는 끝나고 앞으로 하나님의 나라가 세워진다는 것을 들었을 때 어떻게 하겠는가. 우리는 진짜 유대의 왕이 태어났다는 소식을 들은 헤롯 왕처럼 버럭 화를 내며, 예루살렘에 있는 두 살 이하의 남자아이를 모두 죽여

버리라는 화풀이 정책을 펼칠지도 모른다.

바벨론제국의 느부갓네살 왕은 유대 분봉왕인 헤롯 왕과는 비교할 수 없이 큰 권력을 갖고 있었지만, 그는 다니엘을 죽이지 않았다. 오히려 다니엘을 축복했다. 다니엘의 하나님이 참 하나님이라며 납작 엎드렸다.

"너희 하나님은 참으로 모든 신들의 신이시요 모든 왕의 주재시로다 네가 능히 이 은밀한 것을 나타내었으니 네 하나님은 또 은밀한 것을 나타내시는 이시로다"(단 2:47).

당시 다니엘의 나이는 19세 정도 되었을 것이다. 그 청소년이 무슨 힘이 있었겠는가. 그런데 바벨론 대제국의 느부갓네살 왕이 다니엘 앞에서 이런 반응을 보일 수 있었던 것은, 그가 성숙해서가 아니었다. 그는 다니엘과 함께하시는 하나님을 본 것이다. 그 압도하는 하나님의 영권과 위엄과 영광과 거룩 앞에 세계 최대 제국의 황제가 납작 엎드린 것이다.

말씀의 권위가 가감 없이 다니엘을 통하여 외쳐질 때, 하나님이 하실 말씀을 다니엘이 대신 선포할 때 그가 가진 위엄과 거룩함이 얼마나 대단했으면 세속 최고의 황제가 그 앞에서 벌벌 떨며 다니엘의 하나님을 칭송했겠는가.

자신이 눈물 날만큼 힘든 상황에 있다면, 하나님 앞에 기도하라. 하나님의 말씀이 내게서 선포될 때, 이 세상의 사람들이 내게서 하나님의 위엄을 맛보고 떨게 될 것이다. 다니엘처럼 대제국의 왕 앞에서 하나님의 위엄을 드러내는 사람이 될 것이다.

    지금 이 순간에도 예수 그리스도는 우리의 인생을 붙들고 계신다. 우리의 기도를 들으시고 꿈을 붙들고 계신다. 그분은 우리의 소망이시다. 그분은 우리의 두려움을 아신다. 우리의 눈물을 보신다. 우리를 움켜잡으려는 위기를 사용하셔서, 우리의 인생을 향한 하나님의 꿈과 뜻을 반드시 이루실 것이다. 위기 앞에 떨고 있는가? 정면 돌파하라!

하나님께 사로잡힌 자의 기도

복잡하고 거칠고 답답한 세상 속에서 하나님 아버지의 비밀을 맡은 자로서 은혜를 베풀어 주시니 감사합니다. 우리의 도움이 오직 하나님임을 기억합니다. 사라져 버릴 엉뚱한 것에 의존하지 않게 도와주소서. 오늘의 사건이나 환경이 나를 사로잡게 하지 않겠습니다. 오직 하나님에게만 사로잡혀 사는 자가 되겠습니다. 비록 내가 다른 사람보다 부족하고 대단치 못하다 할지라도 하나님을 경외함으로 하나님께 사로잡힌 자의 삶을 살겠습니다. 나를 이 시대의 룻으로, 이 시대의 한나로, 이 시대의 존 모트로, 이 시대의 이상재로 사용해 주옵소서. 그리하여 이 바벨론 같은 장소를 꿈이 회복되는 장소로, 하늘문이 열리는 장소로 바꾸겠습니다. 다니엘이 하나님의 말씀을 선포할 때 제국의 왕이 무릎을 꿇은 것처럼 내게서 하나님의 말씀이 선포되게 하옵소서. 눈물이 날 만큼 힘든 상황일지라도 하나님의 위엄을 드러내는 자로 세워 주옵소서. 그리하여 하나님께 붙들린 인생을 살며 하나님의 꿈을 이루는 삶을 살게 하옵소서. 예수 그리스도의 이름으로 기도합니다. 아멘.

07 교만한 자가 받는 형벌
느부갓네살 왕의 일곱 해(단 4:1-37)

몇 년 전 북한의 지도자 김정일이 생일을 맞이했을 때 북한의 국영보도기관은 겨울 하늘에 이례적으로 쌍무지개가 출연했고 특별한 천둥소리를 동반한 폭풍이 일어났다고 발표했다. 자연도 위대한 지도자 김정일의 생일을 축하한다는 것이다.

역사를 통해 볼 때 하나님의 주권을 믿지 않는 교만한 사람들은 자연도 그들의 위대함에 절한다고 여기며 심지어 스스로 하나님처럼 될 수 있다고 착각한다. 이러한 생각은 에덴동산에서 사탄에 의해 처음으로 말해졌고 역사 가운데서 계속 반복되어 왔다.

다니엘 4장은 자기 자신의 권력에 흠뻑 빠져 기고만장한 느부갓네살의 자전적 이야기이자 영적 일대기다. 그는 제국의 왕으로서 세상 권력의 모든 것을 경험한 후에 다음과 같은 고백을 남기고 퇴장하게 된다.

"그러므로 지금 나 느부갓네살은 하늘의 왕을 찬양하며 칭송하며 경배하노니 그의 일이 다 진실하고 그의 행하심이 의로우시므로 교만하게 행하는 자를 그가 능히 낮추심이라"(단 4:37).

구약성경에서 이방인으로서 하나님에 대한 자신의 간증을 이렇게 적나라하게 표현한 곳이 없다. 느부갓네살 왕의 간증은 크게 세 장면으로 나눌 수 있다.

영적 분별력으로 보라

첫 번째 장면은 왕에게 파멸이 경고되는 부분이다.

"나 느부갓네살이 내 집에 편히 있으며 내 궁에서 평강할 때에 한 꿈을 꾸고 그로 말미암아 두려워하였으니 곧 내 침상에서 생각하는 것과 머리 속으로 받은 환상으로 말미암아 번민하였었노라"(단 4:4-5).

느부갓네살 왕은 잠을 제대로 이루지 못하고 머리가 깨지듯 아팠다. 이것이 웬일인가 하며 지난 번 금 신상 꿈을 꾸었을 때처럼 지혜 있는 자들을 다 불러 모았다. 그러나 이번에도 역시 꿈을 해석하지 못했다.

"그때에 박수와 술객과 갈대아 술사와 점쟁이가 들어왔으므로 내가 그 꿈을 그들에게 말하였으나 그들이 그 해석을 내게 알려 주지 못하였느니라"(단 4:7).

영적인 일은 영적인 것으로 분별하는 것이다. 세상 사람들의 생각으로 하는 것이 아니다. 당시 최고의 지성을 자랑했던 사도 바울은 이렇게 고백했다.

"육에 속한 사람은 하나님의 성령의 일들을 받지 아니하나니 이는 그것들이 그에게는 어리석게 보임이요, 또 그는 그것들을 알 수도 없나니 그러한 일은 영적으로 분별되기 때문이라"(고전 2:14).

육에 속한 사람은 성령의 일들을 받지도 않을 뿐더러, 그러한 일들이 어리석게 보인다. 왜냐하면 영적인 일은 영적으로만 분별할 수 있기 때문이다.

아무리 니체, 프로이트라도 영적 세계에 대해서는 논할 수 없다. 자유주의신학의 문을 열었던 슐라이에르마허는 성경을 하나님의 말씀으로 믿지 않았는데 어떻게 그런 사람이 영적인 일을 분별할 수 있겠는가.

영적 분별력이 없어 그들이 해석을 못하자, 느부갓네살 왕은 또 다니엘을 불렀다. 그런데 느부갓네살 왕이 왜 다니엘을 불렀을까? 바벨론의 거짓되고 부패한 것에 물들지 않은 그의 순결함과 영성 때문이었다. 이것이 바로 하나님을 대표하는 사람의 특징이다.

다니엘이 영안을 열어보니 하나님께서 느부갓네살 황제의 꿈을 보여 주셨다.

말씀을 전하는 자의 마음

두 번째 장면은 다니엘이 느부갓네살 왕의 꿈을 해석하는 과정이다.

큰 나무가 자라서 잎이 무성하고 열매가 있고 온 사람들이 거기에 기대고 많은 것들을 누리게 되었다(단 4:11-12). 그런데 어느 순간에 그 뿌리의 그루터기를 땅에 남겨두고 쇠와 놋줄로 동이고 그것을 들풀 가운데 두자 그것이 하늘 이슬에 젖었다(단 4:15). 큰 나무는 느부갓네살 왕을 상징한다고 했는데, 하나님은 그 크고 무성한 나무를 다 잘라버리라 하셨고, 대신 뿌리는 남겨두라고 했다.

> "또 그 마음은 변하여 사람의 마음 같지 아니하고 짐승의 마음을 받아 일곱 때를 지내리라"(단 4:16).

이 말씀은 짐승처럼 살게 된다는 것이다.

> "이는 순찰자들의 명령대로요 거룩한 자들의 말대로이니 지극히 높으신 이가 사람의 나라를 다스리시며 자기의 뜻대로 그것을 누구에게든지 주시며 또 지극히 천한 자를 그 위에 세우시는 줄을 사람들이 알게 하려 함이라 하였느니라"(단 4:17).

순찰자는 천사들을 뜻한다. 거룩한 천사들과 하나님의 사자들이 사명을 완수하면서 우리로 하여금 특별히 무엇을 깨닫게 하는가 하면, 큰 나무를 베기도 하시고 없애기도 하시는 분이 하나님인 줄을 알라는 것이다. 마찬가지로 오늘날에도 이 세상에서 일어나는 모든 사람들의 흥망성쇠를 하나님이 잡고 계신다는 것이다. 하나님이 세우기도 하시고 하나님이 무너뜨리기도 하신다.

다니엘은 이 꿈 이야기를 듣고 번민했다.

> "벨드사살이라 이름한 다니엘이 한동안 놀라며 마음으로 번민하는지라"(단 4:19).

다니엘은 꿈의 내용에 마음이 아파 머뭇거렸다. 그가 느부갓네살 왕에게 말해야 하는 것은 심판의 내용이었다. 느부갓네살 왕에게 나쁜 소식을 전해야 하는 마음에 부담이 되었다. 다니엘의 마음속에는 어떤 실수를 했든지 간에 자신이 섬기는 느부갓네살 왕에 대한 진실된 사랑과 긍휼과 섬김의 마음이 있었던 것 같다.

다니엘이 머뭇거리니 느부갓네살 왕이 다니엘에게 걱정하지 말고 이야기하라고 독촉했다. 오죽하면 다니엘이 이렇게 말했겠는가.

> "내 주여 그 꿈은 왕을 미워하는 자에게 응하며 그 해석은 왕의 대적에게 응하기를 원하나이다"(단 4:19).

다니엘은 하나님의 심판의 말씀을 전해야 한다는 것을 알고 있었다. 또 바울은 주의 종들이 어떤 자세를 가져야 할지를 우리에게 말해 주고 있다. "주의 종은 마땅히 다투지 아니하고 모든 사람에 대하여 온유하며 가르치기를 잘하며 참으며 거역하는 자를 온유함으로 훈계할지니 혹 하나님이 그들에게 회개함을 주사 진리를 알게 하실까 하며"(딤후 2:24-25).

주의 종은 다투지 않고 모든 사람에게 온유해야 한다. 온유함으로 훈계하는 까닭은 혹시 하나님이 그들에게 회개의 기회를 주실지 모르기 때문에 인내하는 것이다.

앗수르의 큰 도시였던 니느웨를 생각해 보라. 니느웨 사람들은 요나 선지자가 전하는 심판의 말씀을 듣고 어린아이로부터 어른까지 베옷을 입고, 재를 뒤집어쓰고, 대성통곡하며, 눈물로 회개했다. 그래서 니느웨에 작정된 저주와 심판을 면할 수 있었다. 이렇게 회개하여 돌이키기를 원하시는 것이 하나님의 마음이다.

다니엘은 하나님의 안타까운 마음으로 느부갓네살 왕에게 심판에 대해 이야기했다. 왕이 앞으로 당할 어려움을 차근차근 들려주었다. 그러고 나서 공의를 행하고 죄를 사하고 가난한 자를 긍휼히 여김으로 죄악을 사하시는 것이 좋을 것 같다(단 4:27)고 청원까지 했다.

인간을 짐승으로 만드는 죄, 교만

세 번째 장면은 이 심판이 느부갓네살 왕에게 그대로 이루어진 일이다.

하나님은 꿈을 보여 주신 이후로 열두 달 동안 느부갓네살 왕에게 회개의 기회를 주셨다. 하지만 느부갓네살 왕은 회개하기는커녕 오히려 자아도취에 빠져 교만해졌다.

"나 왕이 말하여 이르되 이 큰 바벨론은 내가 능력과 권세로 건설하여 나의 도성으로 삼고 이것으로 내 위엄의 영광을 나타낸 것이 아니냐 하였더니"
(단 4:30).

하나님이 꿈으로 심판을 보여 주셨어도 느부갓네살 왕은 자신의 잘못을 깨닫지 못했다. 하나님이 교만에 얼마나 단호하신지는 그 다음 말씀을 보면 알 수 있다. 느부갓네살 왕이 아직 말을 끝마치기도 전에 하나님의 소리가 들려왔다.

"이 말이 아직도 나 왕의 입에 있을 때에 하늘에서 소리가 내려 이르되 느부갓네살 왕아 네게 말하노니 나라의 왕위가 네게서 떠났느니라 네가 사람에게서 쫓겨나서 들짐승과 함께 살면서 소처럼 풀을 먹을 것이요 이와 같이 일곱 때를 지내서 지극히 높으신 이가 사람의 나라를 다스리시며 자기의 뜻대로 그것을 누구에게든지 주시는 줄을 알기까지 이르리라 하더라"(단 4:31-32).

하나님의 심판은 너무나 구체적이었고, 즉각적으로 일어났다.

"바로 그때에 이 일이 나 느부갓네살에게 응하므로 내가 사람에게 쫓겨나서 소처럼 풀을 먹으며 몸이 하늘 이슬에 젖고 머리털이 독수리 털과 같이 자랐고 손톱은 새 발톱과 같이 되었더라"(단 4:33).

느부갓네살에게 일어났던 질병은 '라이켄트로피'로 추측된다. 정신의학적으로 '라이켄트로피'라는 증세가 있는데, 사람이지만 자기가 짐승인 줄로 아는 정신질환이다. 몽유병자처럼 돌아다니며 늑대같이 짖고 소처럼 풀을 뜯어먹는 것이다. 이런 현상들이 인류 역사에 제법 있어 왔다.

교만 앞에서는 정말 무서운 하나님이시다. 우리는 하나님을 경외하지 않으면 안 된다. 하나님은 다니엘을 통해 미리 예언하셨다. 하나님께 순종하지 않고 교만을 떨면, 느부갓네살 왕처럼 7년 동안 짐승처럼 지내는 일이 우리 삶 가운데도 일어날 수 있다. 하나님 앞에서 교만하면 인간은 짐승처럼 되는 것이다. 인간은 하나님 형상대로 창조되었지만, 하나님께 불순종하고 저항하면 짐승보다 못한 삶을 살게 될 수 있다는 말이다.

밧세바와 동침함으로 하나님 앞에 범죄한 다윗은 이렇게 교훈했다.

"너희는 무지한 말이나 노새같이 되지 말지어다"(시 32:9).

사도 바울은 사도가 되기 전에 그리스도인들을 다 죽여야 한다며 얼굴이 붉으락푸르락해져서 다메섹으로 쫓아갔다. 그는 본래 인격과 품위가 있는 유대 랍비였다. 그런데 교만으로 황소 같은 고집을 부리며 그리스도인을 쫓아간 것이다. 그러다가 주님의 음성을 듣고 거꾸러지는데, 주님은 사도 바울에게 이렇게 말씀하셨다.

"사울아 사울아 네가 어찌하여 나를 박해하느냐 가시채를 뒷발질하기가 네게 고생이니라"(행 26:14).

사람이 교만을 떨 때 마치 황소가 뒷발질하는 것처럼 보인다는 말씀이다. 우리가 다른 사람과 싸움을 할 때 던지고, 때리고, 상처 주고, 고함지르는 것을 보면 사람이 짐승보다 못할 때가 있음을 보게 된다.

재미있는 것은, 느부갓네살 왕이 죽고 난 다음에 바벨론 안에서는 혼란이 일어나고 혁명적인 기운도 있어서 어지러웠지만, 느부갓네살 왕이 7년 동안 짐승처럼 풀을 뜯고 헤맬 때에는 바벨론 궁정이 평안했다는 사실이다. 어떻게 그럴 수 있었을까? 바로 다니엘이 있었기 때문이다.

다니엘은 하나님이 회복을 주시기 위해 큰 나무는 제거하되 뿌리는 남겨 두라는 말씀을 기억하고 있었다. 일곱 때가 지나면 느부갓네살 왕이 다시 회복될 거라는 믿음을 가지고 다니엘이 총리로서 나라를 잘 다스린 것이다.

우리가 교만하여 거꾸러졌다 할지라도, 하나님이 회복해 주실 것을 믿으며 눈물로써 주님 앞에 나아가면 주님이 다시 총명을 회복해 주실 것이다.

> "그 기한이 차매 나 느부갓네살이 하늘을 우러러 보았더니 내 총명이 다시
> 내게로 돌아온지라"(단 4:34).

인간이 총명해지면 무슨 일이 일어나는가. 내 총명을 자랑하는 것이 아니라 하나님을 높이게 된다.

"내가 지극히 높으신 이에게 감사하며 영생하시는 이를 찬양하고 경배하였나니 그 권세는 영원한 권세요 그 나라는 대대에 이르리로다"(단 4:34).

"그때에 내 총명이 내게로 돌아왔고 또 내 나라의 영광에 대하여도 내 위엄과 광명이 내게로 돌아왔고 또 나의 모사들과 관원들이 내게 찾아오니 내가 내 나라에서 다시 세움을 받고 또 지극한 위세가 내게 더하였느니라"(단 4:36).

하나님이 회복해 주실 때는 놀랍도록 순식간에 회복해 주신다. 하나님이 회복시켜 주시면 총명해지고, 건강이 회복되고, 하나님 아는 눈이 떠지고, 오히려 그 전보다 더 큰 위엄과 권세가 주어진다.

하나님은 가끔 우리들 삶에 짐승이 되어 풀을 뜯는 것처럼 처참함을 허락하실 때가 있다. 그때는 우리를 회복시키고 구원을 주시기 위해 낮추시는 것이다. 그래서 하나님이 우리를 낮추실 때 하나님 앞에 얼른 무릎 꿇어야 한다.

느부갓네살 왕은 자기를 높이다가 거꾸러져 심판을 받고 마침내 주님을 찬양한다. 그리고 자기를 높이는 자는 하나님이 낮추신다는 고백을 한 후 역사의 무대에서 퇴장을 한다.

교만과 싸워 이기려면

그리스도인에게 교만은 공공의 적이다. 하나님은 교만을 엄히 다루신다. 왜냐하면 교만은 하나님을 적으로 삼는 일이기 때문이다. 교만만큼 치명적이고 위험한 일은 없다. 교만만큼 누구나 쉽게 범하는 죄도 없다.

교만이 무엇인가. 교만은 기본적으로 자기 자신을 지나치게 높이 평가하는 것이다. 겉으로는 끊임없이 자신을 낮추는 척하지만 결론은 자기중심이다. 그리고 우리는 주로 자신이 잘하는 영역, 자신감이 있는 영역, 남보다 나은 환경에서 교만하기 쉽다. 명문대학 나온 것, 미스코리아 뺨치는 예쁜 얼굴, 두둑한 집안 배경, 높은 IQ, 자타가 인정하는 좋은 성품 등…. 그러나 기억해야 할 것은 하나님은 교만한 자를 낮추시고, 거만한 자를 다루신다는 것이다. 하나님은 우리의 삶에서 교만을 뿌리째 뽑기 원하신다. 따라서 인생의 흥망성쇠 가운데 가장 파괴적인 태도는 교만이다.

인생의 흥함과 성함을 쥐고 계시는 하나님을 대적하는 교만의 죄, 느부갓네살 왕이 지었던 그 교만으로 시험에 들지 않으려면 우리는 마음속에 몇 가지 확신을 가져야 한다.

첫째, 교만과 싸워 이기려면 어떤 경우에도 '하나님이 나를 다스린다'는 사실을 믿어야 한다.

하나님은 모든 상황을 다스리시고 장악하시는 분이다. 베드로가 언제 겸손해졌는가? 어느 날 갈릴리 바다에서 밤새도록 일했지만 한 마리의 고기도 못 잡았다. 아침에 툴툴거리며 그물을 손보고 있던 베드로에게 예수님은 깊은 곳에 가서 그물을 던지라고 말씀하셨다. 어쩌면 베드로는 속으로 주님의 말씀을 비웃었을지도 모른다.

'무슨 엉뚱한 말이야? 내가 이래봬도 어부로서는 베테랑인데. 오전에는 고기가 낮은 곳에서 나오는데, 지금 깊은 곳으로 가서 그물을 던지라고?'

하지만 주님의 말씀이니까 베드로는 순종하며 깊은 곳에 가서 그물을 던졌다. 그리고 그물이 찢어질 정도로 많은 물고기를 잡았다. 그날 주님은 물고기를 많이 잡는 축복 외에 한 가지 더 큰 축복을 베드로에게 허락하셨다. 그것은 바로 '겸손'이었다.

베드로는 고백했다.

"주님, 저는 죄인입니다. 저를 떠나시옵소서."

우리도 베드로처럼 고백할 수 있을 때, 진정으로 주님 앞에 겸손해질 수 있다. "의를 따르며 여호와를 찾아 구하는 너희는 내게 들을지어다 너희를 떠낸 반석과 너희를 파낸 우묵한 구덩이를 생각하여 보라"(사 51:1). 이 말씀을 기억할 때마다 겸손하지 않을 수 없다. 누구에게나 하나님이 나를 구원해 내신 우묵한 구덩이가 있기 때문이다.

베드로에게 있어 우묵한 구덩이는 무엇이었는가. 바로 예수님을 세 번이나 저주하고 부인했던 사건이다. 다윗 왕에게 있어서 우묵한 구덩이는 밧세바와 동침했던 일이다. 모세에게 있어 우묵한 구덩이는 사람을 때려죽인 살인자로서의 사건이었다. 기생 라합에게 있어서 우묵한 구덩이는 매춘을 일삼은 것이었다. 아마도 이들 모두 각자의 사건을 생각할 때마다 겸손하지 않을 수 없었을 것이다. 계속 부인하라, 계속 살인하라, 계속 간음하라는 뜻이 아니다. 과거의 그런 일들 때문에 우리는 계속 겸손을 유지할 수 있다는 것이다.

과거의 그 사건, 그 삶의 약점들은 우리에게 상처를 주는 것이 아니라, 거룩한 구덩이가 되어 우리가 끝까지 겸손할 수 있도록 한다. 이것이 중요한 것이다.

둘째, 교만과 싸워 이기려면 '나의 강점'이 하나님이 나를 극진히 사랑하셔서 주신 선물임을 한시도 잊지 말아야 한다.

나의 강점은 내가 탁월한 능력이 있어서 갖게 된 것이 아니다. 전적인 하나님의 선물이다. 하나님이 우리를 통해 하실 일이 있으셔서, 우리를 계획대로 사용하시려고, 우리 각자에게 독특한 기질과 은사와 성격과 상황을 허락하신 것이다. 그러니 내 것이라고 자랑할 명분이 하나도 없다.

셋째, 교만과 싸워 이기려면 복음의 감격을 잊지 않아야 한다. 하나님은 자신의 아들마저 아끼지 아니하시고 모든 사람을 위해 내어 주셨다. 하나님은 우리에게 무엇이든지 주실 수 있는 분이다. 우리는 복음의 은혜, 하나님 아버지의 은혜를 잊어서는 안 된다. 그 복음의 은혜를 깨달을 때 우리는 끝까지 겸손을 유지할 수 있다.

주 보혈로 날 사심은 그 뜻이 깊고 크셔라
상하심과 죽으심이 어찌 날 위함이온지
놀라워라 주 사랑이 날 위해 죽으신 사랑
놀라워라 주 사랑이 어찌 날 위함이온지

하늘 보좌 아버지 집 겸손히 떠나신 그 뜻

주의 사랑 사랑만이 그 일을 이루셨도다

나는 주의 소유 되고 주는 나의 상전이니

그 명령만 따르오리 공의의 옷 입고 살리

이 찬송은 복음의 은혜를 진실로 깨달은 사람의 입에서 나오는 고백을 담고 있다. 내게는 잊히지 않는 찬송이다. 내가 대학부 시절 수양회를 준비할 때, 옥한흠 목사님이 강사셨다. 그때 이 찬송을 부르면서 얼마나 울었는지 모른다. 하나님의 놀라운 사랑이 나 같은 사람에게 가능한 일인가? 가당치도 않은 일이었다. 그런데도 불가능하다고 생각했던 그 일이 내게 이루어졌다.

이런 복음의 강수에 젖어 있으면 우리는 겸손해질 수밖에 없다. 복음의 능력을 진실로 깨달으면 겸손이 부담스럽지 않다. 복음의 능력으로 허리를 동이면 우리는 주님 앞에 겸손한 자가 될 수 있다. 하나님이 기뻐하시는 사람이 될 수 있다.

⚔ 교만과 싸워 이길 자의 기도

하나님, 감사합니다.

복음의 능력으로 허리를 동이게 하시니 감사합니다. 교만의 죄를 짓지 않게 하옵소서. 교만으로 짐승과 같은 삶을 살게 하지 마옵소서. 교만이야 말로 하나님께서 가장 싫어하시는 죄임을 저의 심령에 깊이 새기게 하옵소서. 창조물인 인간의 능력이 나에게서 온 것이 아님을 알게 하소서. 무엇을 잘하는 것으로 인해 시험에 들지 않게 하시고 그 재능으로 겸손히 하나님께 영광 돌리는 자로 세워 주옵소서. 나의 강점이 온전히 하나님의 선물임을 깨닫게 하옵소서. 때로 우리에게 닥치는 모든 어려움을 해결할 자는 하나님임을 알게 하소서. 모든 상황을 장악하시고 인도하시는 분은 하나님입니다. 저는 아무것도 할 수 없습니다. 모든 상황을 주님께 맡깁니다. 하나님의 계획대로 사용하시려고 저에게 주신 독특한 기질과 은사와 성격과 상황을 허락하신 것을 믿습니다. 이 모든 것에서 복음의 능력을 진실로 깨닫고 주님 앞에 겸손한 자가 되게 하옵소서. 예수님의 이름으로 기도합니다. 아멘.

쾌락의 유혹이 닥쳐오는가? *정면 돌파* 하라!

08 하나님의 저울에 부족한 자
벨사살 왕을 향한 예언 (단 5:1-30)

대한민국의 여자들이 두려워하고 겁내는 것이 있다. 바로 저울에 올라가는 것이다. 하지만 몸무게가 공개되는 것보다 더 두려운 것은, 인생에 세 가지 저울이 있다는 사실이다. 첫째는 내가 나를 재는 저울이다. 둘째는 남이 나를 재는 저울이다. 셋째는 하나님이 나를 재는 저울이다. 이 세 가지 저울은 인생을 살아가는 자라면 절대 피해갈 수 없다.

벽에 쓴 글씨

"벨사살이 술을 마실 때에 명하여 그의 부친 느부갓네살이 예루살렘 성전에서 탈취하여 온 금, 은 그릇을 가져오라고 명하였으니 이는 왕과 귀족들과 왕후들과 후궁들이 다 그것으로 마시려 함이었더라"(단 5:2).

바벨론제국의 느부갓네살 왕이 역사 속으로 사라진 지 20년이 지난 다음의 일이다. 벨사살 왕의 부친이 느부갓네살 왕이라고 말하고 있으나, 사실은 조상이라는 뜻이다. 느부갓네살 왕과 벨사살 왕의 관계는 외할아버지와 외손자의 관계였다.

벨사살 왕이 그의 귀족 천 명을 위하여 큰 잔치를 벌였다. 클래식 음악 중에 "벨사살의 큰 잔치"라는 유명한 곡이 있을 만큼, 역사에 남는 큰 잔치였다. 거장 렘브란트도 〈벨사살의 향연〉이라는 슬픈 명화를 그렸을 정도다.

예루살렘 성전에 있던 하나님의 기명들이 이방신들을 섬기는 술잔이 되었고, 한 걸음 더 나아가 더러움과 음란의 현장에서 술 마시는 잔으로 바뀌었다. 퇴폐한 벨사살 왕이 하나님의 성소에서 사용되던 성전 그릇으로 술을 마시면서, 감히 살아계신 하나님 앞에서 콧대를 높였던 것이다. 벨사살 왕이 참으로 끔찍한 일을 벌였다.

그러자 그때 놀라운 일이 벌어졌다. 갑자기 손가락이 나타나서 벽에 글씨를 쓰는 것이다.

"그때에 사람의 손가락들이 나타나서 왕궁 촛대 맞은편 석회벽에 글자를 쓰는데 왕이 그 글자 쓰는 손가락을 본지라"(단 5:5).

대단한 파티가 갑자기 공포의 잔치가 되었다. 벨사살 왕은 인류 역사상 최초로 하나님께서 친히 벽에 쓴 글씨를 본 인물이 되었다.

"이에 왕의 즐기던 얼굴빛이 변하고 그 생각이 번민하여 넓적다리 마디가 녹는 듯하고 그의 무릎이 서로 부딪친지라"(단 5:6).

아직 그 글씨가 무슨 뜻인 줄도 모르면서 그 광경만 보고도 벨사살 왕의 간담이 녹아내렸다. 정신적으로 정서적으로 심리적으로 육신적으로 무너져 내렸다.

놀란 벨사살 왕은 예언자들과 지혜자들을 불러 모으고 무슨 일인지 알아보았다. 마치 느부갓네살 왕이 꿈 해석을 하지 못해서 박수들을 불렀던 것과 똑같은 실수를 벨사살 왕도 하고 있는 것이다. 인생은 미련하기 짝이 없다.

'메네 메네 데겔 우바르신'

이때 또 다니엘이 불려 와서 사건을 해석해 준다. 다니엘의 해석은 다음과 같았다.

"기록된 글자는 이것이니 곧 메네 메네 데겔 우바르신이라"(단 5:25).

본래 "메네"라는 말은 고대 근동어 가운데 화폐의 단위인 '므나'와 같은 말이다. '므나'는 신약에도 나온다. 이 '므나'라는 말은 '세어졌다', '센다'는 말이다. "데겔"이라는 말은 '세겔'에서 나온 말로, 무게를 '단다'는 뜻이다. "우바르신"이라는 말은 '베레스'에서 나온 말인데, '반으로 나누어진다'는 뜻이다. 그러니까 "메네 메네 데겔 우바르신"은 '세어지고, 달아보고, 나누어진다'는 뜻이다.

"메네는 하나님이 이미 왕의 나라의 시대를 세어서 그것을 끝나게 하셨다 함이요 데겔은 왕을 저울에 달아 보니 부족함이 보였다 함이요 베레스는 왕의 나라가 나뉘어서 메대와 바사 사람에게 준 바 되었다 함이니이다"(단 5:26-28).

왕의 시대를 하나님이 세셨고, 또 왕의 삶의 무게를 달아보셨는데, 왕이 너무 부족하여 하나님의 심판을 면할 수가 없다는 뜻이다. 하나님이 제일 기뻐하지 않으시는 것은 내가 나를 다스리는 것, 내가 내 인생을 주장하는 것이다. 즉 인간이 자신의 인생을 마음대로 컨트롤할 수 있다는 생각이다. 벨사살 왕은 오만에 가득 차 있었다. 이제껏 자기가 자신의 인생을, 자신의 제국을 다스리는 줄 알았다. 그때 하나님이 이렇게 말씀하신 것이다.

"이 어리석은 자야, 내가 저울에 달아 보니 너는 함량미달이구나."

벨사살 왕은 그날 밤에 심판을 받았다. 화려한 잔치를 연 지 몇 시간 뒤에, 죽임을 당한 것이다(단 5:30). 하나님이 화려한 잔치 가운데 경고를 해주셨는데, 그 경고를 무시했기 때문에 심판이 임했다. 그는 하나님의 저울에 함량 미달이었던 것이다. "자주 책망을 받으면서도 목이 곧은 사람은 갑자기 패망을 당하고 피하지 못하리라"(잠 29:1). 이 말씀처럼 벨사살 왕은 피하고 말고 할 시간도 없이 멸망하고 말았다.

하나님이 경고를 주시는 것은 보호하시기 위해서이다. 굽은 길에서 30킬로미터 속도를 유지하라는 경고표시판은 재미있으라고 세워 놓은 것이 아니라, 주의하라고 세워 놓은 것이다. 하지만 이 경고를 무시하고 그냥 달렸다가는 처참한 교통사고가 일어난다. 하나님은 우리를 보호하시기 위해서 위급하거나 하나님의 저울에 함량 미달일 때, 반드시 경고등에 불을 켜주신다. 그때 그 경고등을 보고 회개하는 자는 하나님의 보호를 받게 된다.

하나님의 예언대로 바벨론제국은 메대 페르시아 제국 다리오 왕의 침공을 받아 죽임을 당하고, 메대 페르시아 사람 다리오가 왕이 되었다(단 5:30-31). 이때에 다리오는 62세였다. 그리스 역사가 헤르도토스는 다리오가 왕이 되었을 때가 B.C. 539년 10월 11일이라고 기록하고 있다.

벨사살 왕의 멸망 이야기를 통해, 우리는 하나님의 저울을 통과할 수 있는 몇 가지 기준을 살펴볼 수 있다.

술 취함과 쾌락을 저울에 담

첫째로 하나님이 저울에 달아보시는 것은 쾌락에 빠지거나 술 취하는 것이다.

당시 바벨론제국은 난공불락의 요새였다. 절대로 망할 수 없는 곳이었던 것이다. 당시의 메대 페르시아 혁명군들이 변방을 공격해 승리를 거두었지만, 바벨론 도성은 도저히 습격할 수조차 없었다. 그만큼 자신 있었기 때문에 메대 페르시아 군이 공격을 하든지 말든지 천 명을 모아 놓고 화려한 연회를 열었던 것이다. 하지만 그들은 술 취함과 방탕함 때문에 역사의 무대에서 사라지고 말았다.

중요한 것은 벨사살 왕이 갑자기 죽임을 당하고 바벨론제국이 무너진 그 자리에서, 200년 뒤에 메대 페르시아의 알렉산더 대제도 똑같이 급사했다는 사실이다. 그 역시 술에 취해 있었고 방탕하게 생활했다. 알렉산더 대제가 하루아침에 망하리라고는 당시 어느 누구도 상상하지 못했을 것이다.

이처럼 술의 파워는 대단하다. 술은 한 개인만이 아니라, 인류의 대제국을 멸망시킬 수 있는 막강한 능력을 가지고 있다. 술은 단지 술이 아니라, 모든 악한 것들을 불러오는 통로이다. 술은 쾌락주의를 가져오고 향락주의를 가져온다. 판단을 마비시켜 절제를 하지 못하게 한다. 술이 가는 곳마다 어김없이 성적으로 타락하며 부도덕이 판을 친다.

한 가지 걱정되는 사실은 현재 한국의 술 소비량이 세계에서 최상위권이라는 사실이다. 19세 이상 1인당 소주 소비량이 연간 71병이고, 맥주 소비량은 140병이며, 탁주는 15병이나 된다. 지난 10여 년 동안 우리나라 사람들의 알코올 중독 사망률은 6배까지 증가했다. 이렇게 술에 취해 성적으로 타락하고, 방종을 일삼게 되고, 수많은 가정이 무너져 내렸다. 음란과 사치와 향락과 혀를 즐겁게 하는 것들, 육신의 정욕을 채우기 위한 것들이 온 도시에 가득해졌다. 세계에서 가장 타락한 도시 중의 하나로 서울이 손꼽히고 있는 것은 어제 오늘의 일이 아니다. 소돔과 고모라가 의인 10명이 없어서 망했다는 것을 기억해야 한다. 향락주의와 음란과 부도덕이 판치는 지금 우리나라는 정치적, 도덕적 위기에 놓여 있다. 이런 때에 우리 그리스도인들은 하나님의 저울에 달릴 때 부족함이 없도록 이 나라의 술 취함과 방탕을 회개하고, 중보기도를 게을리 해서는 안 된다.

2007년 드라마 "고맙습니다"의 배경으로 유명한 증도는 인구가 2,200명 정도 되는 전라남도 신안군의 섬이다. 놀라운 것은 이 작은 섬 증도가 전국 복음화율이 가장 높은 지역으로 섬주민의 90퍼센트 이상이 기독교 신자라는 사실이다. 이 섬에는 사찰이나 굿당, 점집, 성황당이 없다. 보통 섬사람들은 한치 앞을 내다볼 수 없는 기후 특성상 남자들이 바다로 고기를 잡으러 나가면 가장이 돌아올 때까지 마음을 졸이며 사찰과 성황당을 지어놓고 정성을 들이며 길흉화복을 점쳤다. 그런데 증도는 무속신앙이 아닌 기독교가 자리 잡은 것이다.

증도가 처음부터 복음의 힘이 넘치고 세속화가 무력화된 것은 아니었다. 증도의 어머니로 불리는 문준경 전도사님(1891년생)이 1950년 10월 5일 새벽에 공산당에 의해 순교의 피를 뿌릴 때까지 이곳 섬들에 땀과 눈물의 수고를 아끼지 않으며 복음의 씨앗을 퍼뜨렸다. 그래서 오늘날 증도는 이처럼 복음으로 부흥되었고 미신과 타락과 술 취함에서 자유할 수가 있었던 것이다.

하나님에 대한 모독을 저울에 담

둘째로 하나님이 저울에 달아보시는 것은 하나님을 모독하는 것이다.

　바벨론과 벨사살 왕은 살아 계신 하나님을 거절하는 데 그치지 않고, 더 나아가 하나님의 이름을 모독했다. 성전의 기명들과 하나님의 거룩한 그릇으로 술을 마시고 하나님 외에 다른 것들, 곧 보지도 듣지도 알지도 못하는 아무 능력도 없는 신상들을 참담하게 섬겼다. 다니엘은 벨사살 왕의 우상 숭배에 대한 하나님의 생각을 이렇게 전했다.

> "도리어 자신을 하늘의 주재보다 높이며 그의 성전 그릇을 왕 앞으로 가져다가 왕과 귀족들과 왕후들과 후궁들이 다 그것으로 술을 마시고 왕이 또 보지도 듣지도 알지도 못하는 금, 은, 구리, 쇠와 나무, 돌로 만든 신상들을 찬양하고 도리어 왕의 호흡을 주장하시고 왕의 모든 길을 작정하시는 하나님께는 영광을 돌리지 아니한지라"(단 5:23).

알고도 행치 않음을 저울에 담

셋째로 하나님이 저울에 달아보시는 것은 알고도 행치 않는 것이다.

　벨사살 왕은 다 알면서도 행치 않았다. 그의 조상 느부갓네살이 하나님 앞에 겸손치 못하여 어떤 비참한 일을 당했는지 이미 들었을 것이다. 그래서 인간의 생사화복을 쥐고 계시는 이가 여호와임을 알면서도 하나님을 섬기지 않은 것이다. 그는 계속해서 범죄를 일삼았다.

> "벨사살이여 왕은 그의 아들이 되어서 이것을 다 알고도 아직도 마음을 낮추지 아니하고"(단 5:22).

인간은 다 알고도 행치 않는 죄 된 속성을 갖고 있다. 하나님이 기뻐하지 않는 것을 알면서도 계속해서 되풀이한다. 사도 야고보는 이렇게 말했다. "너희는 말씀을 행하는 자가 되고 듣기만 하여 자신을 속이는 자가 되지 말라"(약 1:22).

다 알면서도 범죄할 때가 얼마나 많은가. 하나님이 기뻐하지 않는 관계인 것을 뻔히 알면서도 끊지 못하고, 하나님이 싫어하시는 미움과 질투와 시기를 끝까지 버리지 못하여 마음에 쌓아 놓을 때가 얼마나 많은가.

우리가 벨사살 왕처럼 다 알면서도 죄에서 돌이키지 못할 때, 하나님은 우리를 보호하시기 위해 경고를 내리신다. 우리의 잘못된 것들을 저울에 다시는 것이다. 다 알고도 죄를 지은 벨사살 왕을 향하여 하나님이 석회 벽에 직접 글을 쓰신 것처럼 말이다.

사도 바울은 말세에 고통할 때 일어나는 현상에 대해 이렇게 이야기했다. "얀네와 얌브레가 모세를 대적한 것같이 그들도 진리를 대적하니 이 사람들은 그 마음이 부패한 자요 믿음에 관하여는 버림 받은 자들이라"(딤후 3:8). 이처럼 하나님의 거룩하신 이름을 모욕하는 사람이 이 시대에 얼마나 많은지 모른다.

얼마 전 〈국민일보〉에서 반기독교시민운동연합이라는 단체가 생겼다는 기사가 실렸다. 이 단체 회원들은 성경을 금서목록에 올려놓고 성경반대운동을 펼친다. 이들은 성경을 어린아이들이 보지 말아야 할 악서로 규정하고 천만 명 서명운동을 벌인다고 한다. 그들은 성경이 처음부터 끝까지 모순과 궤변을 엮어 놓은 허구라고 생각하고, 저주와 악담으로 뭉쳐놓은 무서운 내용의 책이라고 주장한다. 그래서 어린아이들의 마음을 더럽히지 않고 깨끗하게 지켜주기 위해 어린이들 주위에서 성경을 철저히 차단하는 금서운동을 벌인다는 것이다.

우리는 역사적으로 하나님을 적극적으로 부인한 나라들과 지도자들이 어떤 결말을 맞이했는지를 앞에서 이미 보았다. 벨사살 왕은 하나님의 심판이 임했을 때 넓적다리의 마디가 녹는 듯 하고 무릎이 서로 부딪칠 정도로 죄책감을 갖게 되었다(단 5:6). 누구나 양심의 빛이 비춰지고 있기 때문에, 숨겨진 죄가 하나님의 저울에 드러날 때 사람들은 죄책감을 느낄 수밖에 없다.

아담과 하와는 하나님과 완벽한 교제를 누리다가 범죄를 한 다음에는 도망가서 숨었다. 그전에는 하나님이 "아담아, 네가 어디 있느냐?" 하고 부르실 때 "네" 하고 갔는데, 해서는 안 된다는 것을 알고도 죄를 범한 이후에는 죄책감 때문에 숨은 것이다.

이 땅의 수많은 정신질환, 알코올 중독, 마약 같은 심각한 정신적 상처의 가장 큰 원인은 처리되지 않은 죄책감 때문이라는 보고가 있다.

만약 우리 안에 아직도 처리되지 않은 죄책감의 문제가 있다면 반드시 주님 앞에 이 문제를 내려놓고 기도하여 해결받아야 한다. 예수님의 보혈로 주님 앞에 숨은 죄책감의 문제를 해결받아야 하나님의 저울을 통과할 수 있다. 우리의 힘으로는 그 죄책감을 처리할 수 없다. 그렇기 때문에 예수님이 하늘 영광을 버리시고 이 땅에 십자가를 지러 오신 것이다. 예수님의 보혈의 능력을 의지할 때, 우리는 이 무거운 죄의 짐을 벗고 자유를 누리게 된다.

지도자의 오만과 과신을 저울에 담

넷째로 하나님이 저울에 달아보시는 것은 지도자의 오만과 과신이다.

  벨사살 왕은 나라가 곧 망할 것을 알면서도 바벨론 성은 함락되지 않을 것을 믿고 하나님께 진정으로 돌이키지 않았다. 탐욕과 욕망으로 똘똘 뭉쳐서 자신을 과신하고 하나님의 경고를 무시했다. 지도자가 하나님을 청종하느냐, 청종하지 않느냐에 따라서 그 나라 백성들의 운명이 좌지우지되는 것이다. 그래서 믿는 지도자를 만나는 것은 참으로 중요하다.

  이 세상의 어느 것도 우리를 지켜줄 수 없다. 초현대 시설을 갖추었다는 이지스함이라는 군함도 우리를 지켜줄 수 없다. 박정희 대통령의 새마을운동도, 수많은 젊은 생명이 피 흘려 이루었다는 이 땅의 민주화도, 6.15 남북평화선언도 우리의 삶을 지켜줄 수 없다. 이런 인간의 노력을 과신하는 것이야말로 오만이다. 하나님이 이제껏 우리나라를 지켜 주신 것은 주님 앞에 무릎 꿇고 "우리나라의 오만과 자만을 용서해 주시고 불

쌓히 여겨 주옵소서"라고 기도하는 이들이 있었기 때문이라는 사실을 인정해야 한다.

하나님의 저울에 무게가 나가는 사람

벨사살 왕의 낯빛이 변한 것을 보고, 바벨론 왕비가 벨사살 왕에게 다니엘을 소개했다.

> "왕의 나라에 거룩한 신들의 영이 있는 사람이 있으니 곧 왕의 부친 때에 있던 자로서 명철과 총명과 지혜가 신들의 지혜와 같은 자니이다"(단 5:11).

바벨론 왕비는 벨사살 왕에게 다니엘이 하나님의 거룩한 신의 영이 함께하는 사람이라고 소개한다. 우리 식으로 말하면 성령 충만한 자라는 뜻이다. 또 명철과 지혜와 총명이 가득한 자라고 소개한다. 다니엘은 벨사살 왕과는 달리 하나님의 저울로 쟀을 때 무게가 나가는 사람이었다. 이처럼 하나님의 거룩한 영이 충만할 때, 명철과 지혜와 총명을 가지고 이 시대를 섬겨 나갈 수 있고 하나님의 저울에 통과될 수 있는 것이다.

D. L. 무디는 이런 글을 썼다.

거대한 연회, 벨사살과 수천의 군주들이 모였다.

금잔으로 술을 마신다.

한 밤중, 왕의 연회장 한가운데

갑자기 거대한 손이 나타난다.

경악하는 무리들.

용감한 포로 다니엘이 왕좌 앞에 버티고 서서

교만한 왕을 꾸짖는다.

벽에 쓴 글씨대로 네 운명은 이제 끝났다.

손가락의 글씨대로 왕국의 기한이 다 되었다.

믿음과 열정, 용기와 바르게 함으로 행한 것을 보라.

비밀의 글씨를 다니엘에게 알려 준 이는 성령이시니

유대의 집에서 포로로 끌려 온 왕궁에서

다니엘은 하나님의 글씨를 읽고 해석했다.

하나님은 우리의 행동을 벽에 기록하시니

죄인이여! 예수님께 돌아오라.

주님 앞에 무릎을 꿇으라.

그날이 가까워 오니 그날이 문 밖에 와 있으니

죄인이여! 그대의 운명이

마지막 벽에 결정적으로 기록되기 전에 돌아오라.

돌아오라.

하나님의 저울 앞에 선 자의 기도

주님, 저의 과신과 오만을 용서해 주십시오. 하나님의 저울에 저 자신을 달아볼 때 너무나도 함량 미달이고 실격인 것 같아 부끄럽습니다. 주님, 이 시간 저를 주님의 보혈로 덮어주옵소서. 혼자 숨겨 놓았던 죄책감과 슬픔과 아픔의 덩어리들을 주님 앞에 내려놓사오니 용서하여 주옵소서. 다 알고도 행하는 못된 속성을 주님 앞에 내려놓사오니, 정결한 하나님의 백성으로 떳떳이 서게 하옵소서. 합당하지 못하고 성결하지 못한 것들을 다 정리하고 주님 앞에 정결한 자로 서길 원합니다. 그리스도의 보혈의 능력을 통해 주님이 기뻐 받으시는 귀한 인생으로 바꾸어지길 원합니다. 오늘 벨사살 왕에게 보내신 경고를 제게 보내신 경고로 듣고 주님 앞에 돌이키기를 원합니다. 주여, 오만을 회개하오니 불쌍히 여겨 주옵소서. 구원의 능력을 베풀어 주옵소서. 주님, 성령 충만한 다니엘을, 명철과 지혜와 총명이 있는 다니엘을 보여 주셨사오니 이제부터 그 뒤를 따르겠습니다. 그리하여 주님을 위해 사는 주님의 사람이 되게 하여 주옵소서. 예수님의 이름으로 기도드립니다. 아멘.

짐승의 힘에 굴복할 것인가? 하라!

09 세상 역사의 주관자
네 짐승의 예언(단 7:1-28)

다니엘 7장의 내용은 다니엘이 사자 굴 속에서 구원받는 사건이 일어나기 10여 년 전쯤으로 돌아간다. 다니엘 6장까지는 다니엘이 다른 사람들의 꿈을 해석해 준 내용을 제3자의 입장에서 객관적으로 기록했다. 하지만 7장부터는 다니엘이 하나님께 직접 받은 예언과 환상을 기록하고 있으며, 그래서 3인칭 시점에서 1인칭 시점으로 서술의 태도가 달라졌다.

예언과 신학의 만남

흔히들 예언서를 대할 때 두 가지 함정에 자주 빠진다.

첫 번째 함정은, 미래에 대한 과도한 관심 때문에 성경의 모든 구절을 미래에 대한 예언으로 해석하는 것이다. 먹고, 자고, 생각하고, 일하는 이 모든 일들을 예언으로 받아들이는 것이다.

그 폐해로 과거에 안식교에서는 '두 때', '세 때 반'이라는 것을 우리 시대의 달력으로 계산해서는 예수님이 몇 월, 며칠에 재림하신다고 선포하였다. 많은 신도들이 집안의 가산을 다 팔아 산꼭대기에 모여서 자신들이 예언한 날에 주님이 오시기를 기다렸다. 이들뿐만 아니라 다미선교회, 다베라 선교회 등도 예언에 대한 과도한 집착 때문에 인생을 다 버리고 말았다.

두·번째 함정은, 첫 번째 함정에 대한 반작용으로 예언이라고 하면 아예 들여다보지도 않는 것이다. 성경에 분명히 예언이 있는데도 그 예언을 무시하는 것이다. 목사님들 사이에서는 다니엘과 요한계시록은 될 수 있는 대로 피하라는 말이 있을 정도다.

사람들이 이렇게 많은 오류를 범할 것을 알면서도 하나님은 왜 우리에게 예언서를 주셨을까. 성경에 기록된 예언은 대부분 세 가지 초점이 있다. 첫째는 신앙이 흔들리는 사람들을 붙잡아 준다. 둘째는 박해받고, 핍박받고, 소외당하는 자들을 위로한다. 셋째는 박해자와 핍박자들에게 심판이 있음을 경고한다.

그런데 모든 예언은 항상 다음과 같이 귀결된다. '예언을 들었으면, 이렇게 살아라'이다. 그러니까 신앙의 중심을 다시 한 번 잡으라는 것이다. 이것이 예언서가 기록된 목적이다.

또 다니엘서는 신학서라고 했다. 다니엘서의 주제는 다니엘과 세 친구가 이 세상의 왕 느부갓네살을 믿은 것이 아니라 하나님을 믿었다는 것이다. 『구약총론』의 저자인 신학자 글리슨 아처는 이렇게 말했다.

"다니엘서의 중요한 신학적 강조점은 이스라엘의 하나님, 야훼 하나님의 절대적 주권이다."

시대의 황제들을 다스리시는 전능하신 하나님의 신비와 영광을 보지 않고서, 분명한 하나님의 실체를 경험하지 않고서는, 누구라도 다니엘서 앞에 다가설 수 없다는 것이다.

자유주의 신학자들 중에는 다니엘을 유대인이 위로를 받으려고 후대에 유대인 서기관 가운데 하나가 날조해낸 소설이라고 평가하기도 한다. 하지만 예수님은 다니엘이 예언자가 아니라는 이들의 입을 틀어막으신다.

"그러므로 너희가 선지자 다니엘이 말한 바 멸망의 가증한 것이 거룩한 곳에 선 것을 보거든 (읽는 자는 깨달을진저)"(마 24:15).

다니엘은 선지자니, 읽고 깨달으라는 것이다.

이방 나라의 포로 된 다니엘의 삶을 통해 우리는 예언과 신학의 만남을 엿볼 수 있다. 다니엘서는 예언과 신학이 만나는 장소다. 때문에 우리 삶에서 발견되는 신학과 예언의 문제들을 살펴보기에 더할 나위 없이 좋은 책이다.

다니엘은 하나님의 예언을 받고 얼마나 가슴앓이를 했는지 모른다. 번민하고 괴로워하며 앓아누웠다.

"나 다니엘이 중심에 근심하며 내 머리 속의 환상이 나를 번민하게 한지라"(단 7:15).

"그 말이 이에 그친지라 나 다니엘은 중심에 번민하였으며 내 얼굴빛이 변하였으나 내가 이 일을 마음에 간직하였느니라"(단 7:28).

사도 요한도 밧모 섬에서 하나님의 예언을 받을 때 너무 놀라서 엎어져 마치 죽은 자와 같이 되었다고 했다(계 1:17). 그만큼 하나님의 예언은 영적 각성을 일으키는 것이다. 이 예언의 말씀을 읽는 동안 우리도 다니엘과 사도 요한처럼 동일하게 영적으로 깨어나게 된다. 이 시대를 향한 하나님의 뜻을 알 수 있는 영적 통찰력을 얻을 수 있는 것이다.

예언서는 이 세상의 온갖 고통과 죄악이 사실은 사탄의 공격임을 깨닫게 하며, 역사는 오직 하나님이 계획하신 방향대로 마지막 때를 향해 가고 있다는 것을 가르쳐 준다. 그 결과 하나님 나라가 세상 나라를 이기고 예수 그리스도께서 이 세상을 통치하시며 핍박과 혼돈의 때에 공정하고 정의로운 심판을 하실 것을 전하고 있다. 그러므로 예언서는 혼돈된 세상에서 신앙이 흔들리는 사람들, 착취와 박해를 당하는 소외된 사람들에게 희망의 종소리가 된다. 하나님께서 인간의 역사에 개입하셔서 어떻게 방향을 갖게 하시는지 보여 주심으로써 우리에게 소망을 주시는 것이다.

네 바람과 네 짐승

"내가 밤에 환상을 보았는데 하늘의 네 바람이 큰 바다로 몰려 불더니"(단 7:2).

다니엘이 처음 본 환상은 네 바람 속에 네 짐승이 나타나는 것이었다. 네 바람이 바다와 함께 맞물려 노도광풍을 일으키는 것이다. 여기서 '바람'은 무엇일까. 성경학자들은 이 '바람'을 '지구상에 소용돌이치는 역사의 변화', '인류사의 끊임없는 혼란과 대소동'을 뜻한다고 말한다. 무질서와 대혼돈과 소동을 일으키는 악한 영의 영향력을 뜻한다고 해도 무리가 없을 것 같다.

지나간 역사 가운데 인류의 대혼돈을 가져오는 광풍이 참 많이 불었다. 1세기에 초대교회 성도를 화형대에 끌어다가 잡아 죽이고 찢어 죽였던 네로 황제의 광기, 1930년대 유대인 대학살을 불러온 히틀러의 과도한 집착, 동족상잔의 비극까지 일으킨 레닌과 스탈린의 공산주의가 가져온 이념의 바람은 인류를 대혼란 속으로 빠뜨렸다.

오늘날도 마찬가지로 이런 미친 바람이 여전히 불고 있다. 포르노와 그룹 스와핑을 즐기는 음란의 바람, 이 세상에 소망 둘 까닭이 하나도 없다며 자살파티를 부추기는 염세주의 바람, 불법 인터넷 도박과 마약과 알코올과 일에 미치지 않고는 살아갈 수 없도록 만드는 허무와 중독의 바람, 장모, 아내, 자녀, 직장 상사, 대학 선배 할 것 없이 못마땅하면 죽이는 살인의 바람…. 이 모든 질풍이 우리 사회에 휘몰아치고 있는 것이다.

"큰 짐승 넷이 바다에서 나왔는데 그 모양이 각각 다르더라"(단 7:3).

다니엘이 환상을 보니 네 바람이 큰 바다로 불었고, 그 바람 속에 네 짐승이 나타났다. 다니엘이 네 짐승의 환상을 보고 '이게 무엇일까' 하고 고민하다가 천사에게 알려달라고 청했다.

그때 천사가 "그 네 큰 짐승은 세상에 일어날 네 왕이라"(단 7:17)고 말했다. 다니엘은 이 네 짐승이 이 세상에 일어날 네 왕국, 그러니까 인류사의 흐름을 말한다는 것을 깨달았다. 이제까지 균형 잡힌 신학자들이 이 네 짐승에 대해 대체적으로 이렇게 이야기한다.

"첫째는 사자와 같은데 독수리의 날개가 있더니 내가 보는 중에 그 날개가 뽑혔고 또 땅에서 들려서 사람처럼 두 발로 서게 함을 받았으며 또 사람의 마음을 받았더라"(단 7:4).

첫 번째로 나타난 짐승은 독수리의 날개를 지닌 사자다. '독수리의 날개를 가진 사자'는 바벨론제국의 느부갓네살 왕을 상징한다고 한다. 예레미야서와 에스겔서에도 느부갓네살 왕을 사자나 독수리로 비유하고 있다. 바벨론제국 시대의 출토물들을 보면 '독수리 날개를 가진 사자'를 새겨 넣은 것이 많다.

그리고 오늘날의 큰 제국들도 자신들의 제국을 상징하는 문양을 독수리로 쓰는 경우가 많다. 미국은 독수리를, 러시아는 독수리 두 마리를, 대영제국은 사자를 그 상징물로 삼은 것을 볼 때, 큰 제국과 '독수리 날개를 가진 사자'는 일맥상통하는 면이 있다.

> "다른 짐승 곧 둘째는 곰과 같은데 그것이 몸 한쪽을 들었고 그 입의 잇사이에는 세 갈빗대가 물렸는데 그것에게 말하는 자들이 있어 이르기를 일어나서 많은 고기를 먹으라 하였더라"(단 7:5).

두 번째로 나타난 짐승은 곰과 같은데, 그 곰의 이 사이에는 세 갈빗대가 붙어 있는 것을 보니 아주 욕심쟁이인 것을 알 수 있다. 바로 탐욕의 상징인 것이다.

이 '탐욕 많은 곰'은 페르시아제국이라고 말한다. 또한 곰이 이빨 사이에 물고 있는 세 갈빗대는 페르시아가 정복한 이집트와 시리아와 바벨론, 세 나라를 상징한다고 말한다.

오늘날에 비춰 이 탐욕 많은 곰은 '러시아'라고 말하는 학자도 있다.

> "그 후에 내가 또 본즉 다른 짐승 곧 표범과 같은 것이 있는데 그 등에는 새의 날개 넷이 있고 그 짐승에게 또 머리 넷이 있으며 권세를 받았더라"(단 7:6).

세 번째 짐승은 등에 새의 날개 넷이 달리고 머리 넷이 달린 권세가 있는 표범과 같은 짐승이다. 이 '권세 있는 표범'은 알렉산더 대제가 이끌었던 헬라제국이라고 말한다. 표범은 민첩하고 역동적이어서 무척 재빠른 동물인데, 그처럼 알렉산더 대왕은 10년 만에 거의 순식간에 세계를 정복해 버렸다. 그런데 이 표범은 네 개의 머리를 가지고 있다고 했는데, 그것은 이 헬라제국이 네 개의 나라, 나중에 셀레쿠스(시리아)와 카산더(마케도니아), 프톨레미(이집트), 리시마쿠스(트레이스)로 나눠지는 것을 상징한다고 이야기한다.

오늘날에 비춰 말하면 이 날쌘 표범은 이슬람제국을 상징한다고 보기도 한다. 이슬람 정권은 오일머니(oil money)를 가지고, 무척 민첩하게 세계를 점령해가고 있기 때문이다.

네 바람 속에서 나타난 네 짐승 중에 독수리 날개를 단 사자와 곰과 표범은 이미 지나갔다. 다니엘이 이 예언적 환상을 봤을 때는 예언이었지만, 우리에게는 이미 이 예언이 실현되어 역사적으로 이 세 짐승이 어떤 제국이었는지를 다 알고 있다. 하지만 나머지 네 번째 짐승은 아직 일어나지 않은 예언이다.

지금은 네 번째 포악한 짐승이 활개 치는 마지막 때이다. 이 적그리스도가 불어내는 바람이 세상을 미치게 만드는 것이다.

> "내가 밤 환상 가운데에 그 다음에 본 넷째 짐승은 무섭고 놀라우며 또 매우 강하며 또 쇠로 된 큰 이가 있어서 먹고 부서뜨리고 그 나머지를 발로 밟았으며 이 짐승은 전의 모든 짐승과 다르고 또 열 뿔이 있더라"(단 7:7).

네 번째 나타난 짐승은 아주 독특했다. 이것은 다니엘이 한 번도 본 적이 없는 짐승이었다. 너무나 강하고 무섭고 잔인하게 생긴데다, 쇠 같은 이를 가지고 있어서 보는 것마다 먹고 부서뜨리며 그 나머지는 발로 밟아버리는 아주 무서운 짐승이었다. 잔인하기 짝이 없고 말로 표현할 수 없이 무서운 짐승이라는 것이다. 그리고 또 열 뿔이 나 있다고 했다.

'열 뿔 달린 짐승'은 마태복음에도 나오고 요한계시록에도 나오는데, 요한계시록 13-14장에는 '열 뿔 달린 짐승'을 적그리스도라고 말하고 있다. 지나간 시대 가운데, 이 '열 뿔 달린 짐승'은 그 모습을 조금 드러내 보이기도 했다. 폭군 네로황제, 스탈린, 도미티아누스 황제 등이 그 예이다. 하지만 지금껏 드러난 '열 뿔 달린 짐승'은 예표에 불과하다. 아직은 완전히 그 모습을 드러내지 않았다.

사도행전의 역사는 끝났지만 성령의 역사는 지금까지도 계속되고 있는 것과 마찬가지로, '열 뿔 달린 짐승'의 영향력과 역할은 오는 시대에도 계속된다.

극단적 종말론 학자들은 이 '열 뿔 달린 짐승'을 유럽의 EU공동체라고 보았다. 유럽의 열 나라가 합쳐져 열 뿔이 되었다는 것이다. 하지만 지금은 유럽의 EU공동체가 열 나라를 훨씬 넘어섰기 때문에, 그 해석자들의 입장이 난처하게 되었다.

이제 '열 뿔'은 장소적 개념으로 이해하기는 힘들게 되었다. 왜냐하면 인터넷의 혁명으로 장소에 얽매이는 시대는 지났기 때문이다.

하지만 시대 흐름에 따라 변하지 않는 중요한 사실은 이 '열 뿔 달린 짐승', 그러니까 적그리스도가 하나님의 사람들을 괴롭힌다는 것이다. 어떻게 괴롭히는가.

열 뿔 달린 짐승의 핍박

"그가 장차 지극히 높으신 이를 말로 대적하며 또 지극히 높으신 이의 성도를 괴롭게 할 것이며 그가 또 때와 법을 고치고자 할 것이며 성도들은 그의 손에 붙인 바 되어 한 때와 두 때와 반 때를 지내리라"(단 7:25).

'열 뿔 달린 짐승'이 말로 지극히 높으신 자를 대적한다는 것은 요한계시록에도 예언되어 있다. "짐승이 입을 벌려 하나님을 향하여 비방하되 그의 이름과 그의 장막 곧 하늘에 사는 자들을 비방하더라"(계 13:6).

때와 법은 종교적 절기를 뜻하는데, 이것을 고친다는 것은 예수님을 못 믿게 한다는 의미이다. 하나님의 사람들이 하나님을 섬기지 못하도록 핍박하는 것이다. "한 때와 두 때와 반 때"가 얼마 동안을 말하는지에 대해서는 의견이 분분하다. 이 때문에 많은 극단적인 이단파가 생기기도 했다.

다니엘 4장을 보면 느부갓네살 왕이 짐승처럼 지낼 것을 예언했을 때 "일곱 때"라고 표현했는데, 이것이 7년을 뜻했으니 "한 때와 두 때와 반 때"는 모두 3년 반을 뜻한다고 볼 수 있다. 또 요한계시록에 나온 것과 같이 "매일 드리는 제사를 폐하며 멸망하게 할 가증한 것을 세울 때부터 천이백구십 일을 지낼 것이요 기다려서 천삼백삼십오 일까지 이르는 그 사람은 복이 있으리라"(단 12:11-12)에 예언된 것을 미루어 볼 때도 3년 반을 뜻하는 것이 맞다. 3년 반 동안을 날짜로 계산하면

1,290일쯤 될 것이기 때문이다. 그러므로 '열 뿔 달린 짐승'이 3년 반 동안 성도들을 괴롭힌다는 것이다.

"내가 본즉 이 뿔이 성도들과 더불어 싸워 그들에게 이겼더니"(단 7:21).

성도들을 어떻게 괴롭혔는지에 대해서는 요한계시록 13-14장에 자세히 나와 있다.

지금은 네 바람 속에 네 번째 짐승이 하나님 믿는 백성들을 괴롭히는 마지막 때이다. 이 시기에 그리스도인은 어떻게 살아야겠는가. 무엇보다 네 번째 짐승이 아무리 날뛴다 해도, 적그리스도를 발로 밟아 누를 수 있는 하나님의 주권적 통치를 믿어야 한다. 누가 뭐래도 이것은 흔들림 없는 사실이다. 하나님은 다니엘에게도 하나님이 이 열 뿔 달린 짐승을 어떻게 밟으시는지 보여 주셨다.

열 뿔 달린 짐승을 밟으시다

"내가 보니 왕좌가 놓이고 옛적부터 항상 계신 이가 좌정하셨는데 그의 옷은 희기가 눈 같고 그의 머리털은 깨끗한 양의 털 같고 그의 보좌는 불꽃이요 그의 바퀴는 타오르는 불이며 불이 강처럼 흘러 그의 앞에서 나오며 그를 섬기는 자는 천천이요 그 앞에서 모셔 선 자는 만만이며 심판을 베푸는데 책들이 펴 놓였더라"(단 7:9-10).

이 내용은 요한계시록 1장에서 사도 요한이 보았던 예수님의 모습과 비슷하다. 여기에는 순결의 절정이고 어린양의 모습으로 예수님이 나타나 있다.

불이 강처럼 흘러 그의 앞에서 나온다고 했는데, 이 '불'은 바로 심판을 상징한다. 그 앞에서 모셔 선 자는 만만으로 더 이상 헤아릴 수 없이 많다는 뜻이다. 그러므로 주님이 수많은 사람들에게 심판을 베푸시는 것이다. '열 뿔 가진 짐승'이 3년 반 동안 성도들을 괴롭히고 힘들게 한다 할지라도 하나님의 주권적 통치의 영역을 분명하게 예언해 주고 계신 것이다.

> "그때에 내가 작은 뿔이 말하는 큰 목소리로 말미암아 주목하여 보는 사이에 짐승이 죽임을 당하고 그의 시체가 상한 바 되어 타오르는 불에 던져졌으며"(단 7:11).

자기가 역사를 주관한다고 떠들어대면서 큰소리치는 모든 이들이 삽시간에 심판을 경험하고 죽임을 당한다는 것이다. 하나님의 주권적 통치는 심판의 때에 더 분명히 나타날 것이다. 그러므로 악한 짐승들이 이 시대를 아무리 휘젓고 광기의 소용돌이를 일으킨다 할지라도 인류 역사는 하나님이 주관하시니 걱정하지 말라는 뜻이 담긴 예언이다.

현대의 거룩한 선지자와 같은 역할을 했던 A. W. 토저는 이렇게 말했다. "누가 역사를 다스리고 있는가? 그 역사 속에 인간의 자유와 책임은 어디까지가 될 것인가? 하나님의 주권적 통치와 인간의 책임과의 관계는 마치 항구를 출발하여 목적지로 향하는 여객선과 비슷하다."

덧붙여 설명하자면, 부산에서 출발한 배가 태평양을 건너 샌프란시스코까지 간다고 치자. 그 사이에는 아무 기착지도 없다. 그리고 목표는 분명히 정해져 있다. 부산을 출발해서 가는 동안 배 안에서는 온갖 일들이 벌어진다. 희로애락이 있고, 서로 싸우기도 하고, 함께 즐거워하기도 한다. 한 가지 분명한 것은 그 배가 샌프란시스코로 가고 있다는 사실에는 조금도 변함이 없다는 것이다.

역사는 우리가 인식하든지, 인식하지 못하든지 간에 분명히 심판의 항구를 향해 가고 있다. 심판이라는 항구에 도착하면 그동안 우리가 한 모든 행동에 대해 책임을 져야만 할 것이다. 누구든 하나님의 역사라는 항로를 바꿀 수 없다. 이 사실을 순수하고 깨끗하게 믿는 것이 바로 믿음이다. 이 믿음을 가질 때 우리 인생의 얽히고 설킨 여러 문제들이 해결되는 길이 열린다.

욥은 사탄의 시험을 받아 모든 재산과 자녀들을 잃었고, 기왓장으로 온몸의 종기를 벅벅 긁어야 하는 비참한 지경에 처했다. 하나님을 배반하지 않는 자신의 믿음 때문에 아내에게 버림받고, 친구들에게도 조롱받았다. 인생 중에 이렇게 아무 죄 없이 큰 고난을 받은 이도 드물다. 하지만 욥은 결국 이렇게 고백했다.

"욥이 여호와께 대답하여 이르되 주께서는 못 하실 일이 없사오며 무슨 계획이든지 못 이루실 것이 없는 줄 아오니"(욥 42:1-2).

욥의 고백은 사탄마저 다스리시는 하나님의 놀라운 주권을 인정하고 있다. 이 고백 끝에 욥은 고난의 시기가 끝나고, 말도 못하게 부어주시는 하나님의 놀라운 축복을 경험하게 된다.

이러한 욥의 고백을 기억할 때, 우리는 사탄이 우리를 시험하고 공격하거나 악한 짐승의 공포의 피바람이 휘몰아친다 할지라도 하나님의 주권적 통치를 의심할 수 없게 된다. 우리 삶의 행로가 완전히 달라지는 것이다.

『만들어진 신』(The God Delusion)이라는 책을 써서 크게 대중적인 인기를 얻고 있는 리처드 도킨스라는 무신론자가 있다. 그는 이 책에서 "내가 의도한 대로라면 무엇을 믿든 간에 종교적인 사람들은 이 책을 읽는 동안 무신론자로 변할 것이다"라고 거만하게 소리치고 있다. 나아가 그는 "하나님을 믿는 사람은 현실 감각을 잃어버린 망상에 빠진 사람들"이라고 단언한다. 그러나 이러한 도킨스의 주장은 새로운 것이 아니라, 지난 100년 동안 인본주의가 대두하면서 사회학자, 인류학자, 심리학자들이 주장한 것들이다. 그들은 자신들의 자녀 세대가 되면 "하나님이라는 신앙적 개념은 사라질 것"이라며 소위 종교의 죽음을 공언했다. 그런데 대표적인 인본주의 학자이자 진화심리학자인 마이클 셔머가 1999년에 "지금만큼 미국인들이 하나님을 믿은 시대는 역사 이래 없었다"라고 말한 사실을 기억해야 한다.

한편 이 시대의 유명한 기독교변증가인 알리스터 맥그래스는 『도킨스의 망상』(Dawkins' delusion)이라는 제목으로 책을 내고 도킨스를 반박했다. 그 책의 서문을 읽다가 재미있는 사실을 발견했다.

리처드 도킨스와 알리스터 맥그래스는 영국에서도 내로라하는 천재들이다. 옥스퍼드대학 동창이며, 나이가 비슷해서 함께 자연과학부에서 공부했고, 분자생물학으로 학위를 받았다. 똑같은 논리로 이 시대를 분석하고 바라보았던 이들은 동일한 대학을 나온 천재적인 사람들이었지만 역사를 어떻게 보느냐에 따라서 한 사람은 무신론의 거두로, 한 사람은 복음주의 신학자의 대표주자로 인생의 행로가 바뀌었다. 알리스터 맥그래스는 그의 책에서 이렇게 말했다.

> 도킨스와 나는 똑같은 세상을 바라보고 있다. 그토록 오래 연구하고, 생각하고, 추론하고, 분석했다. 그런데 어떻게 이렇게 반대의 결론이 나올까? 가능한 한 가지 이유가 있다면, 나는 하나님을 믿는다는 사실이다. 나는 하나님을 믿는다. 하나님이라는 엄청나고 강력한 바이러스에 감염되었다.

하나님이 역사의 주권자이심을 믿느냐 믿지 않느냐로 인해 똑같은 천재들이 이렇게 큰 차이를 가져왔다. 중요한 것은 오늘날 무신론이나 세속주의가 활개를 치며 앞으로 더 극성을 부린다 해도, 역사의 주인이신 하나님의 우주적 통치는 예수님이 다시 오시는 그날까지 변함없이 계속될 것이라는 사실이다. 그날이 오면 느부갓네살이 한 순간에 광야의 들짐승이 되었던 것처럼 하나님의 통치를 반역하는 모든 무신론적 세력들은 하나님의 찬란한 영광 앞에 한 순간에 땅에 엎어져서 일어서지 못할 것이다. 우리는 하나님이 통치하시는 주권을 믿는 진정한 천재의 반열에 들어야 한다.

하나님의 통치

"내가 또 밤 환상 중에 보니 인자 같은 이가 하늘 구름을 타고 와서 옛적부터 항상 계신 이에게 나아가 그 앞으로 인도되매 그에게 권세와 영광과 나라를 주고 모든 백성과 나라들과 다른 언어를 말하는 모든 자들이 그를 섬기게 하였으니 그의 권세는 소멸되지 아니하는 영원한 권세요 그의 나라는 멸망하지 아니할 것이니라"(단 7:13-14).

하나님은 구름 타고 오시는 인자를 통해 하나님의 주권적 해결책을 보여 주신다. 이것이 다니엘 7장이라는 아주 방대하고 독특한 예언서의 결론이라고 말할 수 있다.

하나님께서 인자에게 권세와 영광과 나라를 주셔서 민족과 언어가 다른 뭇 백성이 그에게 경배토록 했다.

인자는 굉장히 중요한 성경적 용어다. "인자"는 '사람의 아들'이라는 뜻이다. 'The Son of Man as The Son of God.' '하나님의 아들로 그 사람의 아들'이라는 뜻이다. "인자"에 대해서는 신학교에서 한 학기를 다룰 만큼 그 깊이가 엄청나다.

예수님이 직접 "인자"에 대해 말씀하신 적도 있다. 대제사장이 예수님을 힐난할 때였다.

"네가 과연 메시아냐? 정말 그리스도냐?"

그때 예수님이 이렇게 말씀하셨다.

"내가 그니라 인자가 권능자의 우편에 앉은 것과 하늘 구름을 타고 오는 것을 너희가 보리라"(막 14:62).

예수님은 자신이 인자라고 말씀하셨다. 그러면서 인자는 권능자의 우편에 앉으며 하늘 구름을 타고 올 것이라고 말씀하셨다. "예수께서 이르시되 네가 말하였느니라 그러나 내가 너희에게 이르노니 이 후에 인자가 권능의 우편에 앉아 있는 것과 하늘 구름을 타고 오는 것을 너희가 보리라"(마 26:64). 권능의 구름을 타고 오실 인자이신 예수 그리스도, 그분만이 인류 역사의 해결자이시며, 우리 삶의 소망이시다.

성경에서는 인자에 관해서 몇 가지로 말하고 있다.

첫째, 인자 예수님은 하늘에서 창조 때부터 계신 하나님이시라고 말씀한다. "하늘에서 내려온 자 곧 인자 외에는 하늘에 올라간 자가 없느니라"(요 3:13).

둘째, 인자 예수님은 육신의 몸을 입으시고 고난당하실 것임을 가르쳐 주고 있다.

"모세가 광야에서 뱀을 든 것같이 인자도 들려야 하리니 이는 그를 믿는 자마다 영생을 얻게 하려 하심이니라"(요 3:14-15). "인자가 들린다"는 것은 예수 그리스도가 십자가에 달려 돌아가실 것에 대한 예언이다. 그리고 그 십자가의 고난 때문에 우리가 영생을 얻는다고 말한다. 인자는 이 땅에 오셔서 우리를 위해 생명을 주시려고 고난을 당하신 것이다.

셋째, 인자 예수님의 살과 피로 성도들에게 새 힘을 주신다는 것을 말하고 있다.

"예수께서 이르시되 내가 진실로 진실로 너희에게 이르노니 인자의 살을 먹지 아니하고 인자의 피를 마시지 아니하면 너희 속에 생명이 없느니라 내 살을 먹고 내 피를 마시는 자는 영생을 가졌고 마지막 날에 내가 그를 다시 살리리니"(요 6:53-54). 열 뿔을 가진 악한 짐승의 모든 권세를 파하며, 3년 반 동안 고통의 시기를 지나게 하신 후에 성도를 괴롭히는 모든 악한 세력들을 묶으시는 그 인자되신 예수 그리스도! 그분의 피와 살을 우리가 먹는다는 것은 그분과 인격적인 교제를 나눈다는 의미이다. 살과 피를 먹는다, 떡과 포도주를 마신다는 것은 그분을 통해 새로운 힘을 얻는다는 것이다.

넷째, 인자 예수님이 심판자로 오심을 이야기하고 있다.

"진실로 진실로 너희에게 이르노니 죽은 자들이 하나님의 아들의 음성을 들을 때가 오나니 곧 이 때라 듣는 자는 살아나리라 아버지께서 자기 속에 생명이 있음 같이 아들에게도 생명을 주어 그 속에 있게 하셨고 또 인자 됨으로 말미암아 심판하는 권한을 주셨느니라"(요 5:25-27).

인자이신 예수 그리스도를 믿는 자마다 창조 이전부터 계셨던 하나님에 대한 눈이 열리기 시작하고, 그분의 십자가 고난과 부활로 말미암아 영생을 얻게 된다. 또한 그분의 피와 살을 먹음으로 영적 교제와 힘의 능력을 발견하고, 심판자로 오실 그분 앞에 부끄럼 없는 삶을 살도록 스스로 겸비하게 되는 것이다.

하나님의 통치를 믿는 자의 기도

역사를 주관하시는 하나님,
시대를 다스리는 전능하신 신비와 영광을 보여 주시고 그 실체를 경험케 하시니 감사드립니다. 하나님의 예언으로 저의 영이 민감해집니다. 하나님을 아는 영적 통찰력을 얻습니다. 마지막 때를 향해 불의전차처럼 나아가고 있는 지금, 하나님의 나라가 세상 나라를 이기고 예수 그리스도께서 이 세상을 통치하시며 핍박과 혼돈의 때에 공정하고 정의롭게 심판하실 것을 믿습니다. 인간의 역사에 개입하셔서 그 계획하심 대로 이루시는 하나님이 혼돈된 세상에서 신앙이 흔들리는 사람들, 착취와 박해를 당하는 소외된 사람들, 그리고 저에게 소망이 됩니다. 자기가 역사를 주관한다고 떠들어대면서 큰소리치는 모든 이들이 삽시간에 심판을 경험하고 죽임 당할 것을 믿습니다. 하나님의 우주적 통치는 아무리 악한 짐승들이 이 시대를 휘젓고 광기의 소용돌이를 일으킨다 할지라도 예수님이 다시 오시는 그날까지 변함없이 계속될 것을 믿습니다. 하나님의 찬란한 영광이 이 땅에 임하길 기다리며 예수님의 이름으로 기도합니다. 아멘.

10 예언은 이루어진다
숫양과 숫염소의 예언(단 8:1–27)

예언은 이루어지는가?

우리가 믿는 복음과 말씀은 역사적 사실과 객관적인 진리에 뿌리내리고 있다. 뜬 구름 잡는 이야기나 꾸며낸 이야기가 아니다. 존 스토트 목사는 정직한 사람이 지성적인 자살을 감행하지 않고도 믿을 수 있는 것이 복음이라고 말했다. 지금도 예루살렘에는 예수님이 십자가에 달려 돌아가신 골고다 언덕과 부활의 권능을 증명해 주는 빈 무덤이 그대로 남아 있다.

  십자가와 복음의 사건은 예수님 시대에만 한정된 것이 아니라 유월절 어린 양의 사건과 잇닿아 있다. 유월절은 구약의 이스라엘 백성들이 출애굽할 때 이집트에 내린 재앙 가운데서 구원받은 것을 기념하는 절기이다. 유월절 어린 양 사건의 너머에는 하나님과 모세가 언약을 맺은 말씀이 녹아 있다.

기독교는 종교가 아니다. 기독교는 창조주 하나님과 예수 그리스도의 구원을 믿는 사람들이 주님과의 인격적 관계와 신뢰를 회복하는 진리의 서사시이다. 기독교는 진리이지 종교가 아니다.

하지만 기독교와 타종교를 굳이 구별하고 싶다면, 딱 한 가지 차이가 있다. 그것은 예언의 선포와 성취다. 코란의 경전, 유교의 경전, 불교의 경전들을 보면 삶의 철학과 삶의 원칙들과 세상의 밝은 예지와 도덕적인 가르침을 담고 있다. 하지만 성경, 하나님의 말씀은 분명하게 예언을 선포하고 그 예언을 분명하게 성취한 기록이 담겨 있다.

예언이 사실이냐 아니냐를 판단하는 기준은 무엇일까? 하나는 그 예언이 성취되었는가 하는 것이다. 또 하나는 실제적인 증거가 있는가 이다.

구약성경은 약 천여 년 동안 예수 그리스도가 이 땅에 오셔서 메시아가 되시고 역사의 마지막 날에 심판할 것이라고 예언했다. 구약성경에 이 예언의 사건을 분명히 밝힌 곳은 60군데이고, 문맥적 정황으로 미루어볼 때 이 예언을 인정한 곳은 270여 군데나 된다. 60여 건의 예언과 270여 건의 문맥적 상황이 그대로 예언으로 성취될 가능성은 수학적으로 '10의 157제곱분의 1'이라고 한다.

흔히 불가사의라는 말을 하는데, 이것은 10의 64제곱이 넘는 수로서 도무지 셀 수 없는 수를 뜻한다. 따라서 성경에 나타난 수백 번의 예언이 한 사람에게 그대로 이루어진 것은 성경의 기록이 그 누구도 부인할 수 없는 엄청난 역사적 증거의 무게를 가지고 있다는 의미가 된다.

예언은 이중적으로 성취된다. 예수님은 적그리스도가 와서 예루살렘 성전을 훼파할 것이라고 예언하셨는데, 그로부터 40년쯤 지나 A.D. 70년쯤에 로마 군대가 와서 예루살렘 궁전을 완전히 훼파하면서 예언이 성취되었다. 하지만 예루살렘 성전은 마지막 심판의 날에 또 한 번 훼파될 것이다. 예수님이 그렇게 예언하셨기 때문이다. 성경학자들은 이런 것을 가리켜 '예언의 이중적 성취'라고 이야기한다.

하나님이 다니엘을 통해 하신 예언은 이미 성취되었다. 하지만 그 예언은 오늘날 우리 시대에도, 또 다음 시대에도 성취될 것이다. 하나님의 말씀은 현재성이 있기 때문이다. 그래서 오늘 이 예언을 통해 하나님이 내게 어떤 말씀을 하시는지 귀 기울여야 하는 것이다.

그렇다면 다니엘의 예언은 정말 예언인가? 그것은 성취되었으며 그 증거가 있는가? 우리는 성경 말씀을 통해 다니엘의 예언이 얼마나 빈틈없이 성취되었는지를 알 수 있다.

숫양과 숫염소

다니엘은 바벨론제국의 벨사살 왕 3년에 하나님이 보여 주시는 환상을 보았다. 다니엘이 이 환상을 보았을 때가 B.C. 6세기쯤 되는데, 200-300여 년쯤 지나서 B.C. 4세기에서 B.C. 2세기 사이에 이 예언은 그대로 성취되었다.

다니엘이 수산궁에서 숫양과 숫염소에 관한 환상을 보았는데, 이 환상의 의미를 잘 깨닫지 못하자 가브리엘 천사가 나타나서 풀이해 주었다.

"내가 눈을 들어 본즉 강 가에 두 뿔 가진 숫양이 섰는데 그 두 뿔이 다 길었으며 그 중 한 뿔은 다른 뿔보다 길었고 그 긴 것은 나중에 난 것이더라"(단 8:3).

"네가 본 바 두 뿔 가진 숫양은 곧 메대와 바사 왕들이요"(단 8:20).

숫양은 두 뿔을 가지고 있었다. 그런데 두 뿔 중에서 한 뿔이 강성했다. 숫양은 메대와 바사 왕들이라고 했는데, 바사는 페르시아를 뜻한다. 사실 바벨론제국은 메대 페르시아제국에 의해 멸망당한 것이 아닌가. 두 뿔 중에 한 뿔이 더 강했다는 것은 메대보다는 페르시아가 강하다는 것을 보여 주고 있다.

그런데 문제는 두 뿔 가진 숫양 다음에 나타나는 숫염소다.

"내가 생각할 때에 한 숫염소가 서쪽에서부터 와서 온 지면에 두루 다니되 땅에 닿지 아니하며 그 염소의 두 눈 사이에는 현저한 뿔이 있더라 그것이 두 뿔 가진 숫양 곧 내가 본 바 강 가에 섰던 양에게로 나아가되 분노한 힘으로 그것에게로 달려가더니 내가 본즉 그것이 숫양에게로 가까이 나아가서는 더욱 성내어 그 숫양을 쳐서 그 두 뿔을 꺾으나 숫양에게는 그것을 대적할 힘이 없으므로 그것이 숫양을 땅에 엎드러뜨리고 짓밟았으나 숫양을 그 손에서 벗어나게 할 자가 없었더라 숫염소가 스스로 심히 강대하여 가더니 강성할 때에 그 큰 뿔이 꺾이고 그 대신에 현저한 뿔 넷이 하늘 사방을 향하여 났더라"(단 8:5-8).

가브리엘 천사는 이 환상을 다음과 같이 해석해 주었다.

"털이 많은 숫염소는 곧 헬라 왕이요 그의 두 눈 사이에 있는 큰 뿔은 곧 그 첫째 왕이요 이 뿔이 꺾이고 그 대신에 네 뿔이 났은즉 그 나라 가운데에서 네 나라가 일어나되 그의 권세만 못하리라"(단 8:21-22).

숫양을 부서뜨린 숫염소는 헬라 왕이라는 것이다. 실제로 헬라의 알렉산더 대왕이 일어나 메대 페르시아 제국이 멸망했다.

"온 지면에 돌아다니되 땅에 닿지 아니하며"라는 말은 알렉산더 대왕이 10여 년 만에 제국을 건설한 것을 말한 것이다. 예언한 대로 헬라 제국은 발이 땅에 닿지 않을 정도로 순식간에 고대 중근동을 점령했다.

"강성할 때에 큰 뿔이 꺾이고"처럼 알렉산더 대왕은 말라리아와 알코올 중독으로 죽었다. 세상은 정복했으나 자기 자신은 정복하지 못했던 것이다. 알렉산더 대왕이 죽은 이후에 그 밑에 있던 네 명의 장군 프톨레미, 셀리쿠스, 리시마쿠스, 카산더가 나라를 세웠다. 이것은 현저한 뿔 넷이 하늘 사방을 향하여 났더라는 예언이 성취된 것이다. 그리고 "네 나라가 일어나되 그의 권세만 못하리라"고 예언된 대로 이들 네 나라는 알렉산더 대왕만큼 강하지 못했다.

작은 뿔

"그 중 한 뿔에서 또 작은 뿔 하나가 나서 남쪽과 동쪽과 또 영화로운 땅을 향하여 심히 커지더니 그것이 하늘 군대에 미칠 만큼 커져서 그 군대와 별들 중의 몇을 땅에 떨어뜨리고 그것들을 짓밟고"(단 8:9-10).

영화로운 땅은 이스라엘을 말하고, 하늘 군대는 이스라엘 백성의 군대를 말한다. 그러므로 네 뿔 중에 한 왕이 나고, 거기서 또 작은 뿔 하나가 이스라엘 백성들을 공격해서 망하게 하는 것이다.

"또 스스로 높아져서 군대의 주재를 대적하며 그에게 매일 드리는 제사를 없애 버렸고 그의 성소를 헐었으며 그의 악으로 말미암아 백성이 매일 드리는 제사가 넘긴 바 되었고 그것이 또 진리를 땅에 던지며 자의로 행하여 형통하였더라"(단 8:11-12).

작은 뿔이 예루살렘의 모든 성소에서 제사를 못 드리게 하고 예루살렘 성전을 훼파한다는 것이다.

"내가 들은즉 한 거룩한 이가 말하더니 다른 거룩한 이가 그 말하는 이에게 묻되 환상에 나타난 바 매일 드리는 제사와 망하게 하는 죄악에 대한 일과 성소와 백성이 내준 바 되며 짓밟힐 일이 어느 때까지 이를꼬 하매 그가 내게 이르되 이천삼백 주야까지니 그때에 성소가 정결하게 되리라 하였느니라"(단 8:13-14).

"이렇게 악한 왕이 나타나 짓밟고 괴롭히는 것이 언제까지일까?" 하고 물으니, 2천3백 주야라고 대답했다. 이스라엘 백성들의 주야는 저녁과 아침 즉, 반나절을 말한다. 그래서 많은 성경학자들이 이때의 2천3백 주야는 1,150일, 약 3년을 뜻한다고 말한다.

그렇다면 이 예언은 과연 역사 속에서 어떻게 성취되었는가. 헬라제국이 분열되어 네 개의 제국이 되었는데, 그 중 하나인 '셀리쿠스' 제국에서 '셀리우시드'라는 왕조가 나왔다. 이 셀리우시드 왕조는 주로 시리아와 옛 바벨론의 통치 지역을 다스렸다. 이 왕조에서 안티오쿠스 4세가 나왔다. 안티오쿠스 4세는 스스로 '데오스 안티오쿠스 에피파네스'라고 이름 붙였다. '데오스'라는 말은 '신'이라는 뜻이고, '에피파네스'는 '에피파니'(epiphany)라는 말인데, '하나님의 현현'이라는 뜻이다. 그러므로 스스로를 '하나님 안티오쿠스 하나님의 현현'으로 찬란하게 이름 붙인 것이다. 안티오쿠스 4세는 B.C. 169년부터 예루살렘 성을 침공해서 이스라엘 백성들을 괴롭히기 시작했다.

B.C. 169년에는 예루살렘 성을 침략, 예루살렘 성전의 지성소에 들어가 금은 기명을 꺼내 가져갔다. 예루살렘 성전을 더럽힌 것이다. B.C. 167년 12월부터 본격적으로 하나님의 백성들을 핍박했다. 이스라엘 백성들이 안티오쿠스 4세에게 받은 참혹한 핍박은 말로 다 표현할 수 없을 정도였다. 구약의 마지막 권인 말라기가 쓰인 이후부터 신약의 첫 권인 마태복음이 쓰이기까지를 성경학자들은 '중간기'라고 부

른다. 그 중간기에 관해서는 성경이 기록하고 있지 않다. 대신 유대인의 외경 가운데 하나인 '마카비'에는 안티오쿠스 4세가 예루살렘에 들어와서 어떤 못된 짓을 했는지 잘 기록하고 있다.

안티오쿠스 4세는 유월절과 안식일의 정기 제사를 금지하고, 할례도 금지시켰다. 율법의 사본과 사본을 가진 사람들까지 불태워 죽였다. 이스라엘 백성들을 산 채로 기름에 튀기고, 사지를 갈라서 각을 뜨고, 코에 독을 붓고, 철장갑이라 불리는 특수도구를 사용해 산 채로 머리 껍질을 벗기는 일을 했다. 더구나 B.C. 167년 12월 16일에는 제우스 신상을 만들어 예루살렘 성전에 세우고, 제단에서 돼지를 잡아 번제를 드렸다. 그러고는 돼지피를 성전에 뿌려 성전을 더럽혔다.

하지만 끝날 것 같지 않던 이 고통의 날들이 B.C. 164년 12월 14일, 즉 2천3백 주야인 1,150일쯤 되는 3년 만에 끝이 났다. 그 이후부터는 제사 제도가 회복되고 성전이 청소되어 이스라엘 백성들이 예루살렘 성전에서 예배를 드릴 수 있게 되었다.

> "그가 꾀를 베풀어 제 손으로 속임수를 행하고 마음에 스스로 큰 체하며 또 평화로운 때에 많은 무리를 멸하며 또 스스로 서서 만왕의 왕을 대적할 것이나 그가 사람의 손으로 말미암지 아니하고 깨지리라"(단 8:25).

이 예언대로 안티오쿠스 4세의 최후는 비참했다. B.C. 163년에 미쳐서 죽어버린 것이다. 하나님이 깨버리신 것이다. 3년 동안 돼지피를 가지고 성전을 오염시키며 아무리 큰소리를 쳤어도 하나님의 심판은 확실했다.

이스라엘 백성들은 하나님이 악한 안티오쿠스를 멸망시키신 것과 예루살렘 제사 제도를 회복시키신 것에 감사하는 뜻으로 '빛의 제전'이라는 최고의 명절을 만들었다. 그 명절 이름이 바로 '하누카', 우리나라 말로는 '수전절'이다. 유대인들은 이 하누카 명절을 굉장히 잘 지킨다. 예수님도 이 하누카를 지키셨다. "예루살렘에 수전절이 이르니 때는 겨울이라"(요 10:22).

이처럼 다니엘의 예언은 모두 성취되었다. 얼마나 놀라운 일인가.

"이미 말한 바 주야에 대한 환상은 확실하니 너는 그 환상을 간직하라"(단 8:26).

이제까지 예언의 말씀이 좀 복잡한 것 같지만, 사실은 아주 간단하다. 숫양과 숫염소를 통해, 특별히 작은 뿔 안티오쿠스 4세를 통해 이스라엘 민족이 핍박을 당했지만 때가 되면 이들은 멸망하고 하나님의 뜻은 펼쳐진다는 것이다.

이 세상을 살면서 이해 못할 괴로운 일들을 당하지만 하나님의 영광은 선포될 것이고, 예수님이 약속하신 주의 말씀은 반드시 성취된다. 첫 번째 성취의 표적으로 역사 속에서 보여 주셨지만, 그 예언은 우리 삶 속에서 이중적, 삼중적으로 성취될 것이다.

예언의 성취를 믿는 자

"이에 나 다니엘이 지쳐서 여러 날 앓다가"(단 8:27a).

다니엘은 환상을 보고 가슴이 너무나 벙벙했다. 세계 인류사를 본데다가, 특별히 자기의 동족들이 고문당하고 예루살렘 성전이 더러워지는 것을 보았으니 얼마나 가슴이 아팠겠는가. 지금이라도 민족이 주님 앞에 철저히 돌아서서 주님이 원하시는 방향으로 가야 한다는 생각에 울면서 기도했을 것이다. 그렇게 가슴앓이를 한 그는 끝내 지쳐서 앓아눕고 말았다.

우리는 지금 다니엘의 이 가슴 절절한 중보의 심정을 회복해야 한다. 1895년 미국북장로교회의 선교본부에는 다음과 같은 선교보고가 기록되어 있다.

> 한국 사람들은 참 독특하다. 배를 타고 평안남북도를 지나며 보니 교회를 짓는데, 교회 옆에는 반드시 조선의 깃발을 걸어놓는다. 한국 사람들은 예수 믿는 것과 애국하는 것을 따로 하지 아니했다. 동족에 대한 간절하고 애끓는 심령으로 기도하면서 애국과 신앙생활을 같이했다.

그때만 해도 '예수 믿는다'는 말과 '독립운동에 참여한다'는 말은 같은 뜻이었다. 나중에 백범 김구 선생은 예수님을 믿고 난 다음에 마음의 절절한 심정을 이렇게 표현했다.

"나라를 사랑하는 사람과 신앙을 가졌다는 사람들이 동일한 사람임이 분명할진대 경찰서 10개 세우는 것보다 이런 마음을 가진 교회를 하나 더 세우는 것이 낫다."

하나님의 나라, 하나님의 예언이 역사적 사실로 우리 앞에 분명히 성취된다는 것을 믿는다면, 우리는 다니엘처럼 민족을 향한 애끓는 심정을 가져야 한다. 한국 초기 교회 시대의 신앙인들이 나라를 위해 중보했던 열정을 회복해야 한다.

"이에 나 다니엘이 지쳐서 여러 날 앓다가 일어나서 왕의 일을 보았느니라 내가 그 환상으로 말미암아 놀랐고 그 뜻을 깨닫는 사람도 없었느니라"(단 8:27).

다니엘은 앓아누워만 있었던 것이 아니라 일어나 왕의 일을 보았다. 이제 큰일 났다고 넋을 놓고 있거나, 환상을 깨달았다고 해서 으스대지 아니하고 평소의 삶을 겸손히 살았던 것이다. 비록 앓아눕고, 동족을 향해 비탄 섞인 심정으로 고민했지만, 평소의 소명을 다시 한 번 잘 감당하기 위해 왕에게로 나아갔다.

이처럼 도망가고 싶고, 두 손을 다 놓아버리고 누워만 있고 싶고, 죽을 것 같이 괴롭지만 다니엘처럼 현실의 삶으로 뛰어들어야 한다. 다니엘은 너무 혼란스럽고 마음을 정하지 못해 그냥 하던 일이나 하자는 마음으로 평소의 삶으로 돌아간 것이 아니었다. 그는 하기 싫은데도 마지

못해 억지로 그 일을 다시 하러 간 것이 아니었다. 그는 적극적으로 삶의 현장에 뛰어들었다. 누구보다 충성되게 그 삶을 감당했다. '전 세계 역사의 주권자 되시는 하나님께 모든 문제를 맡기리라', '자기의 민족을 구해 달라고 하리라' 이것이 예언을 본 자의 사명이라고 생각했을 것이다.

우리의 삶에 일어나는 많은 사건들 속에서 그리스도인으로서의 품위를 지키며 산다는 것은 참으로 어렵다. 하지만 다니엘처럼 소명 받은 인생은 어떤 힘든 상황 속에서도 겸손하고 꿋꿋하게 '일어나' 왕의 일을 한다.

다니엘처럼 소명 받은 자는 이 땅을 사는 동안 화려하게 조명받지 못할지도 모른다. 그러나 그는 하나님 나라의 주인공이 바벨론제국의 벨사살 왕이나, 헬라제국의 알렉산더 대왕이나, 안티오쿠스 4세가 아니라는 것을 안다. 안티오쿠스 4세나 알렉산더와 같은 영웅이나 독재자가 시대를 지키는 것이 아니다. 안티오쿠스 4세의 핍박을 받으며 주님을 위해 희생의 피를 흘린 무명의 성도가 하나님 나라의 예언을 성취하는 주인공이다.

판타지소설의 대부라고 불리는 J. R. R 톨킨은 그리스도인이었는데, 깊은 영적 통찰력을 가지고 『반지의 제왕』을 완성했다. 몇 년 전에는 영화화되어서 많은 인기를 누리기도 했다. 특히 이 소설을 읽다 보면 다니엘의 예언과 비슷한 흐름을 발견하게 된다.

반지의 제왕에는 엄청난 규모의 전쟁이 펼쳐지고, 대단한 악당들과 빛나는 영웅들이 등장한다. 사우론, 간달프, 엘론드와 같은 영웅들이 격전을 벌인다.

그러나 주인공은 그런 영웅들이 아니다. 왕이나 장군이 아니다. 프로도라 불리는 호빗이다. 호빗은 낮은 계급의 영혼이다. 별로 눈에 띄지도 않고 전혀 숭고하지도 않는 평범한 영혼이다. 하지만 프로도가 운명의 산에 무사히 도착해서 반지를 영원히 없애느냐 그렇지 못하느냐가 이 소설의 핵심줄거리다. 작은 영혼, 작은 소년의 용기와 성실함과 헌신과 단순함에 모든 이야기의 초점이 맞춰져 있는 것이다.

이런 면에서 톨킨은 하나님의 심정을 아는 자라고 할 수 있다. 인간의 역사가 어떻게 진행되고 있는지, 하나님의 말씀과 예언이 어떻게 펼쳐지고 있는지에 대해서 정확하게 꿰뚫고 있기 때문이다.

이 비밀을 아는 사람만이 남이 보든지 보지 않든지, 남이 알아주든지 알아주지 않든지 상관없이 하나님이 내게 맡겨 주신 소명을 묵묵히 실천하는 겸손한 사람이 될 수 있다. 다니엘은 이 사실을 알았기 때문에, 주권자 되신 하나님께 모든 삶의 초점을 맞추고 주님이 놓아두신 자신의 삶의 자리에서 성실하게 살아갈 수 있었다.

우리 교회는 몇 년 전에 키르키즈스탄에 '사랑아카데미'라는 학교를 열었다. 그 이사회를 하면서 들은 이야기 중에 마음에 남는 것이 하나 있다.

사랑아카데미에는 유치원생이 80명쯤 되고, 초등학생이 170명 정도 된다. 어떤 현지인 아이가 유치원에 가기 싫어하니까, 부모가 평판 좋은 유치원을 찾아 전전하다가 사랑아카데미를 찾아왔다. 이 꼬마가 예전과는 다르게 유치원에도 꼬박꼬박 가려고 하고, 심지어 몸이 아플 때도 유치원에 가야 한다고 하니까, 부모님이 깜짝 놀랐다. 아빠가 아이에게 물었다.

"아픈데도 유치원에 꼭 가야 하니?"

그 아이가 대답했다.

"사랑유치원은 날 사랑해."

아이 아빠가 감탄하며 유치원 선생님에게 이 이야기를 들려주었다고 한다. 이 어린아이가 무엇을 알겠는가. 하지만 선교사님들과 현지 교사들이 그리스도의 마음으로 보이지 않는 곳에서 묵묵히 봉사했기 때문에 이 어린아이의 영혼을 움직였던 것이다.

신앙인이란 어떤 사람들인가. 하나님의 예언이 내 삶 속에서 이루어진다는 것을 확신하고, 그 가치관을 가지고 세상에 영향을 끼치는 변화된 성도다. 다니엘처럼 이런 확신을 가지고 살아가는 신앙인이야말로 하나님 나라의 진정한 주인공이 될 수 있을 것이다.

❧ 일어나 왕의 일을 하는 자의 기도

하나님, 다니엘처럼 기도합니다.

때로 하나님의 계획 안에서 이 나라의 미래가 너무 비참해 보이고 고통스러워 보일 때 제가 중보기도하게 하소서. 그저 누워서 고통스러워 하거나 견딜 수 없다고 앓아누워 있지 않게 하옵소서. 이제 큰일 났다고 넋을 놓고 있거나, 환상을 깨달았다고 으스대지 아니하고 평소의 삶을 겸손히 살게 하옵소서. 이단에 빠져 세상이 끝난다고 모든 일을 놓아버리고 생을 포기한 사람처럼 살지 않게 하소서. 그럴 때 일수록 현실의 삶으로 뛰어들게 하옵소서. 하기 싫은 데 마지못해 하는 것이 아니라 적극적으로 삶의 현장으로 뛰어들게 하옵소서. 누구보다 충성되게 삶을 감당하겠습니다. 하나님께 모든 문제를 맡기고 기도하며 예언을 본 자의 사명감으로 살겠습니다. 그런 우리의 모습에서 그리스도인의 품위가 드러나도록 소명 받은 자의 인생을 꿋꿋하게 살겠습니다. 화려하게 조명 받지 못하더라도 실망하지 않으며, 일어나 왕의 일을 하겠습니다. 하나님 나라 예언 성취의 주인공으로 삼아 주옵소서. 예수님의 이름으로 기도합니다. 아멘.

11 하나님 시간표의 거룩한 변수

일흔 이레의 기도 (단 9:20-27)

다니엘 9장은 성경 모든 예언의 말씀을 해석하는 열쇠다. 모든 예언서의 토대이자, 예언서를 끌고 가는 기관차, 핵심, 불쏘시개라고 할 수 있다. 그리고 이 예언의 핵심은 예수님이다. 이 예언은 B.C. 537년 무렵, 다니엘이 예수님이 오시기 500여 년 전에 기록한 것이다.

　대부분의 신구약학자들은 다니엘 9장 20-27절을 성경의 영감을 증거하는 가장 위대한 본문이라고 말한다. 메시아이신 예수 그리스도가 다시 오실 모습을 정확하게 기록하고 있기 때문이다.

　아이작 뉴턴 경은 그리스도께서 오시기 500여 년 전에 기록된 이 다니엘 9장이 하나님 말씀의 모든 것을 설명하기에 충분하다고 말했다. 이 말씀은 우리의 지성을 일깨우며, '성경이 분명한 근거가 있는 말씀인가?' 하고 고민하는 이들에게 해답을 준다. 성경은 예언의 말씀들이 확실히 성취되는 모습을 보여 주고 있다.

기적보다 예언이 중요하다

다니엘이 전심으로 민족을 향해 중보기도할 때 가브리엘 천사가 다니엘을 찾아왔다(단 9:21). 가브리엘 천사는 하나님의 종이며, 중요한 순간에 하나님의 뜻을 세상에 펼치는 일을 했다. 예수님이 태어나실 때 하나님의 사자로 요셉과 마리아를 찾아가 하나님의 메시지를 전한 이도 가브리엘 천사였다.

> "내게 가르치며 내게 말하여 이르되 다니엘아 내가 이제 네게 지혜와 총명을 주려고 왔느니라 곧 네가 기도를 시작할 즈음에 명령이 내렸으므로 이제 네게 알리러 왔느니라 너는 크게 은총을 입은 자라 그런즉 너는 이 일을 생각하고 그 환상을 깨달을지니라"(단 9:22-23).

가브리엘 천사가 한 말 중에서 핵심 단어는 "일흔 이레"(단 9:24)다. "일흔 이레"는 "일곱 이레"(단 9:25), "예순두 이레"(단 9:25-26), "한 이레"(단 9:27)로 나뉘어 설명되고 있다.

"일흔 이레"에 대한 해석 때문에 지난 수천 년 동안 많은 이단과 사설이 등장했다. 그 이유는 일흔 이레를 어떻게 해석하느냐에 따라 방향이 달라지기 때문이다.

이 말씀에 대한 예언서 연구로 대역작을 남긴 아르노 게벨라인은 이렇게 말했다.

하나님의 보좌로부터 가브리엘이 다니엘에게 전해 준 이 본문의 예언 메시지는 다니엘뿐만 아니라 성경 전체를 이해하는 데 가장 중요한 말씀이다. 가브리엘 천사가 전해 준 짧은 문장 속에서 인간의 역사 속에 일어날 미래의 일들이 담겨 있다. 유대인의 바벨로 포로 귀환과 무너진 성벽의 재건, 그리스도께서 오심, 그의 죽음, 로마에 의해 성전과 성벽이 훼파될 일, 이어서 벌어질 멸망의 가증한 것의 등장과 전쟁 등의 내용들이 이 위대한 예언 속에 다 담겨 있다. 마지막 구절의 이방인의 때가 끝나는 종말의 시간, 위대한 역사의 일흔 이레가 기록되어 있다.

일흔 이레를 구체적인 어떤 시간으로 이해하기보다, '구원의 완성시기', '구원의 점진적 확실성'을 강조하는 것으로 해석하는 사람도 있다. 그중에 한 명이 에드워드 영(Edward J. Young)이다.

그럼에도 복음주의 교회에 속한 대부분의 학자들은 "일흔 이레"를 "일곱 이레", "예순두 이레", "한 이레"를 합친 490년의 역사적 시간으로 여기고 있다. 여기서 "한 이레"는 7년을 뜻하는데, "일곱 이레"를 계산하면 49년으로, "예순두 이레"는 434년이 되어 합하면 총 490년이 되는 것이다.

그렇다면 일흔 이레가 시작되는 때는 언제인가.

"그러므로 너는 깨달아 알지니라 예루살렘을 중건하라는 영이 날 때부터 기름 부음을 받은 자 곧 왕이 일어나기까지 일곱 이레와 예순두 이레가 지날 것이요 그 곤란한 동안에 성이 중건되어 광장과 거리가 세워질 것이며"(단

9:25).

　일흔 이레, 490년의 출발점은 예루살렘 성의 중건을 명받은 때부터임을 알 수 있다. 이 명을 받은 때는 아닥사스다 왕 20년이다. 느헤미야가 예루살렘을 중건하려고 하나님 앞에 기도하고, 아닥사스다 왕에게 허락해 달라고 요청했다. 아닥사스다 왕이 느헤미야의 청을 받아들여 그를 예루살렘 총독으로 보내 주었다(느 2장). 이때가 B.C. 445년 무렵이다. 여기에 대해서는 큰 이론이 없다. 이것은 역사가 헤로도토스와 투키디데스가 증명하고 있는 사실이다.

　B.C. 445년에 일곱 이레가 시작되어 49년이 지난 이후인 B.C. 396년에 예루살렘 성벽이 재건되고, 성전이 회복되었다. 특별히 구약성경이 정경으로 완성되었다. 이때 이래로 예순두 이레가 시작되어 434년이 지나면, A.D. 38년이다. 당시 유대인들은 태양력을 쓰지 않았기 때문에 실제로는 A.D. 33-37년이 된다. 이 사이에 예수님이 이 땅에 오시고, 공생애를 사시고, 십자가에 달려 돌아가신 모든 사건들이 다 일어났다.

　이처럼 기적보다 더 중요한 것은 예언의 성취이다.

　동방박사는 어떻게 그때 메시아가 태어날 줄 알았을까? 동방박사는 페르시아, 즉 다니엘이 예언한 곳에서 태어난 사람들로 다니엘의 예언을 알고 있었다. 그래서 날짜를 맞춰보고, 예루살렘 성에 찾아온 것이다. 그들은 기적을 보지는 못했지만, 구유에 놓인 아기를 보고 메시아가 태어났다고 경배하며 왕으로 선포했다.

예수님이 기적을 베푸시는 것을 두 눈으로 똑똑히 보았던 사람들도 예수님이 십자가에 못 박혀 돌아가시자 관전자 혹은 배반자로 돌아섰다. 하지만 동방박사 세 사람은 그저 예언만 보고 주님을 메시아로 인정했다.

이처럼 기적을 보는 것보다 더 중요한 것은 예언의 말씀을 믿는 것이다. 하나님의 말씀이 성취된다고 믿는 것이 우리 인생을 새롭게 바꾸는 은혜의 출발점이 될 수 있다.

메시아 예언의 성취

"예순두 이레 후에 기름 부음을 받은 자가 끊어져 없어질 것이며 장차 한 왕의 백성이 와서 그 성읍과 성소를 무너뜨리려니와 그의 마지막은 홍수에 휩쓸림 같을 것이며 또 끝까지 전쟁이 있으리니 황폐할 것이 작정되었느니라"
(단 9:26).

여기에는 크게 두 가지 예언이 담겨 있다.

하나는 "예순두 이레 후에 기름 부음을 받은 자가 끊어져 없어진다"는 것이다. 히브리어로 "기름 부음을 받은 자"는 예수 그리스도를 의미한다. 즉 메시아를 뜻하는 것이다. 그러므로 "예순두 이레 후에 기름 부음을 받은 자가 끊어져 없어질 것이며"는 예수 그리스도에 대한 예언의 성취다.

끊어져 없어질 것이라는 말은 예수님이 이 땅에 오셨지만, 사람들이 예수님을 왕으로 인정하지 않고 오히려 십자가에 못 박아 죽게 한다는 뜻이다. 왕으로 오셔서 왕의 보좌에 앉으실 예수님이 십자가의 형틀에 달리셔야만 했다. 그리고 왕관 대신에 가시관을, 금 홀 대신에 부서진 갈대를 받으셨다. 십자가에 달리심으로 주님은 희생당하신 것이다. 예수님이 "끊어 없어지심"으로 말미암아 여섯 가지 구원의 은혜가 성취되었다.

"네 백성과 네 거룩한 성을 위하여 일흔 이레를 기한으로 정하였나니 허물이 그치며 죄가 끝나며 죄악이 용서되며 영원한 의가 드러나며 환상과 예언이 응하며 또 지극히 거룩한 이가 기름 부음을 받으리라"(단 9:24).

예수님이 메시아로서의 예언을 성취하심으로 말미암아 우리는 여섯 가지 복을 받아 누리게 되었다.

첫째, 우리의 허물이 그쳤다.
둘째, 죄가 끝났다.
셋째, 죄악이 용서되었다.
넷째, 영원한 의가 드러났다.
다섯째, 환상과 예언이 응하게 되었다.
여섯째, 지극히 거룩하신 분이 기름 부음을 받았다.

예루살렘 멸망 예언의 성취

또 다른 예언의 성취는 장차 한 왕의 백성이 와서 그 성읍과 성소를 훼파한다는 것이다.

> "장차 한 왕의 백성이 와서 그 성읍과 성소를 무너뜨리려니와 그의 마지막은 홍수에 휩쓸림 같을 것이며 또 끝까지 전쟁이 있으리니 황폐할 것이 작정되었느니라"(단 9:26b).

"장차 한 왕"은 당시 로마의 시저를 말하며, "왕의 백성"은 시저가 거느리던 장군 가운데 한 명인 티투스 장군을 말한다.

예수님이 십자가에 돌아가시고 얼마 되지 않은 A.D. 70년쯤에 로마 티투스 장군과 병사들이 예루살렘 성을 포위했다. 예루살렘 성에 기근과 두려움이 몰려들었는데, 그 공포가 얼마나 심했는지 엄마가 아이를 잡아먹는 비참한 일이 일어났다. 곧 얼마 지나지 않아 돌 위에 돌이 하나도 남지 않을 정도로 완전히 멸망했다.

역사가 요세푸스가 예루살렘 멸망의 광경을 두 눈으로 지켜보고 기술한 바에 따르면, 로마 군인들이 돌 위에 돌을 하나도 남기지 않은 까닭은 바로 금과 은을 얻으려고 했기 때문이라고 한다. 로마 군인들은 유대인들이 예루살렘 성과 성벽을 지을 때 돌 하나를 놓을 때마다 금과 은을 놓았다고 생각해서 그 금은을 얻으려고 돌을 전부 깨뜨렸다는 것이다. 예루살렘 성은 이렇게 비참하게 훼파되었다. 이것이 바로 "그 성읍과 성소를 무너뜨린다"는 예언의 성취였다.

예수님은 예루살렘이 이렇게 될 것을 미리 아시고, 이 일이 일어나기 30년 전 평화로운 시기에 예루살렘을 바라보며 눈물을 흘리셨다. "가까이 오사 성을 보시고 우시며"(눅 19:41), "또 너와 및 그 가운데 있는 네 자식들을 땅에 메어치며 돌 하나도 돌 위에 남기지 아니하리니"(눅 19:44).

이렇듯 하나님의 예언이 역사적 사건으로 그대로 이루어졌음을 알면서, 어떻게 하나님의 말씀을 믿지 않을 수 있겠는가. 지금도 다니엘 9장의 이 부분을 해석하다가 많은 유대인들이 예수님 앞으로 돌아오고 있다. 그래서 유대인들 중에는 이 내용을 해석하지 못하도록 금하기도 했다.

정해진 종말, 하나님의 때

"그가 장차 많은 사람들과 더불어 한 이레 동안의 언약을 굳게 맺고"(단 9:27a).

"한 이레"에 대한 해석은 다양하다. 히폴리투스는 이 말을 '마지막 남은 이레, 온 세상의 마지막이 되는 종말 직전의 이레(한 주간 또는 7년)'라고 해석했다. 그러므로 지금 우리는 지나간 예순아홉 이레와 남은 칠십 이레 사이의 시간들을 살고 있는 것이다.

하나님은 다니엘에게 예언하신 대로 이스라엘 백성들을 통해 예언을 성취해 오셨다. 그러다가 예수님이 오셔서 예언을 성취하신 이후로는, 예순아홉 이레가 지난 이후로 갑자기 그 시간을 스톱하셨다. 마지막 "한 이레"가 되기 전에 스톱워치를 멈추신 것이다.

그 이유는 무엇일까. 나는 유대인이 하나님의 시간표에 맞게 순종하지 않았기 때문이라고 생각한다. 하나님께서 "너희는 제사장 나라다. 너희는 하나의 은총의 통로다"라고 말씀하셨는데도, 유대인들은 자신들이 잘난 줄 알고 자기 배만 두들기며 이방인들을 우습게 알았다. 하나님은 유대인들에게 거듭 말씀하셨다.

"그것이 전부가 아니다. 이방인들을 향해 그런 생각을 가지면 안 된다. 이방인들을 향한 너희들의 소명이 있음을 기억하여라."

그런데도 유대인들이 하나님의 뜻을 깨닫지 못하자, 주님은 매우 안타까워하시며 촛대를 옮기신 것이다.

또 다른 이유는 성령님이 오신 이후에는 주님이 유대인의 시간표가 아닌 교회의 시간표에 맞춰서 움직이고 계시기 때문이다. 예수님은 부활하시고 승천하시면서, 이 땅에 성령님을 보내 주셨다. 성령님이 역사하심으로 지상 교회를 세우셨다. 지상 교회를 세우시고 난 이후로, 유대인의 시간표가 잠깐 멈추고 교회의 시간표로 바뀌게 된 것이다. 지금 그리스도인들 앞에는 유대인의 시간표가 아니라 교회의 시간표가 펼쳐져 있다. 그 까닭은 무엇일까.

"형제들아 너희가 스스로 지혜 있다 하면서 이 신비를 너희가 모르기를 내가 원하지 아니하노니 이 신비는 이방인의 충만한 수가 들어오기까지 이스라엘의 더러는 우둔하게 된 것이라"(롬 11:25).

그 결정적인 이유는 하나님께서 이방인의 숫자가 다 들어올 때까지 즉, 이방인의 때가 찰 때까지 기다리고 계시기 때문이다. 그래서 이 시간 동안 주님을 믿지 않았던 이방인들이 주님 앞으로 돌이키고, 주를 믿어야 할 하나님의 백성들이 하나님께 돌아오도록 회개의 기회를 주신 것이다.

주의 약속은 어떤 이들이 더디다고 생각하는 것같이 더딘 것이 아니다. "오직 주께서는 너희를 대하여 오래 참으사 아무도 멸망하지 아니하고 다 회개하기에 이르기를 원하시느니라"(벧후 3:9).

주님은 지금도 기다리고 계신다. 그런데 무한정 기다리시는 것이 아니다. 결정적인 시간이 되면 종말의 시간표가 다시 움직이기 시작할 것이다. 이때가 다 차면 마지막 "한 이레", 즉 7년이 되는데, 그 마지막 7년에 대해서 주님은 이렇게 말씀하셨다.

"그러므로 너희가 선지자 다니엘이 말한 바 멸망의 가증한 것이 거룩한 곳에 선 것을 보거든 (읽는 자는 깨달을진저)"(마 24:15).

마지막 7년이 되면 다니엘이 말한 바 멸망의 가증한 것 즉, 적그리스도가 나타나 세상을 어지럽게 만든다는 것이다.

"그가 장차 많은 사람들과 더불어 한 이레 동안의 언약을 굳게 맺고 그가 그 이레의 절반에 제사와 예물을 금지할 것이며 또 포악하여 가증한 것이 날개를 의지하여 설 것이며 또 이미 정한 종말까지 진노가 황폐하게 하는 자에게 쏟아지리라 하였느니라 하니라"(단 9:27).

여기서 "그"는 적그리스도를 말한다. 적그리스도가 앞으로 수많은 사람들과 함께 거짓 평화조약을 체결한다는 것이다. 사람들을 유혹하고, 주님을 섬기지 못하게 하며, 사람들을 황폐하게 할 것이다. 그러나 결국 이미 정한 종말에 하나님의 진노가 그에게 쏟아질 것이다. 하나님께서는 이 종말을 예수 그리스도가 재림하는 날이라고 말씀해 주신다.

이미 정해진 종말의 때, 우리 주님이 다시 오시는 그때까지 역사는 계속 흘러갈 것이다. 하나님께서 정하신 시간표에 따라 예수 그리스도의 초림과 십자가 고난과 이스라엘 멸망 등의 예언은 이미 역사 속에서 성취되었다. 앞으로 종말의 때에 주님이 재림하시리라는 사실을 우리는 믿어야 한다.

하나님의 시간표가 움직이기 전에

그렇다면 이미 정해진 종말의 때, 한 이레의 때가 오기 전에, 주님이 은혜로 잠깐 멈추어주신 이때에 우리는 무엇을 해야 할 것인가. 무엇보다도 이 기간 동안 그리스도인은 하나님 앞에서 말씀에 대해 올바르게 반응해야 한다.

하나님께서는 니느웨 성을 완전히 멸하시려고 했다. 그리고 하나님은 이 사실을 요나를 시켜 니느웨 백성들에게 알리도록 했다. 요나는 니느웨에 가기 싫었지만 고기 뱃속에서 돌이켜 회개하고, 니느웨에 가서 사람들에게 외쳤다.

"회개하지 않으면 니느웨 성은 40일 뒤에 완전히 망할 것이다!"

요나는 그 말씀을 전하면서 이들이 너무도 타락해서 주님 앞으로 돌아오지 않을 것이라고 생각했다. 하지만 니느웨 백성들은 그 말씀의 선포를 받고 어린아이부터 노인에 이르기까지 회개했다. 가슴을 쥐어뜯고 머리에 티끌을 쓰고 베옷을 입고 금식하며 주님 앞에 회개했다. 집 안에 있는 죄 없는 동물들도 금식을 시켰다. 하나님께서는 이들의 회개를 받으시고, 니느웨 성을 살려 주셨다. 한 영혼이라도 돌이키고자 하시는 하나님의 큰 계획이 그대로 이루어진 것이다.

이처럼 우리가 예언의 말씀에 어떻게 반응하느냐에 따라 하나님께서 자비를 베푸신다. 이 시대를 향한 하나님의 뜻은 정해져 있다. 하지만 우리가 어떻게 반응하느냐에 따라 거룩한 변수가 생기는 것이다.

사도행전 3장을 보면 놀라운 말씀이 있다.

사도 베드로는 예루살렘 성전에 올라가면서 앉은뱅이를 일으키고 난 다음, 수많은 사람들에게 하나님의 신비한 음성을 선포했다.

"형제들아 너희가 알지 못하여서 그리하였으며 너희 관리들도 그리한 줄 아노라 그러나 하나님이 모든 선지자의 입을 통하여 자기의 그리스도께서 고난 받으실 일을 미리 알게 하신 것을 이와 같이 이루셨느니라 그러므로 너희가 회개하고 돌이켜 너희 죄 없이 함을 받으라 이같이 하면 새롭게 되는 날이 주 앞으로부터 이를 것이요 또 주께서 너희를 위하여 예정하신 그리스도 곧 예수를 보내시리니 하나님이 영원 전부터 거룩한 선지자들의 입을 통하여 말씀하신 바 만물을 회복하실 때까지는 하늘이 마땅히 그를 받아 두리라"(행 3:17-21).

회개하고 돌이키면 우리 죄가 없이함을 받는다. 주님 앞에 올바로 반응하면 새롭게 되는 날을 주시고, 새롭게 되는 날, 새로운 축복을 우리에게 허락해 주신다. 그리고 예정하신 날에 예수님이 다시 오실 것이다.

주님은 이렇게 말씀을 통해 이미 다 알려 주셨는데도 우리의 믿음 없을 것을 아시고, "인자가 올 때에 세상에서 믿음을 보겠느냐"(눅 18:8)라고 말씀하셨다. 우리는 주님의 예언을 믿는 자답게, 인류의 종말을 확신하는 자답게, 우리의 삶을 새롭게 추슬러야 한다.

예수님을 믿고 그리스도인이 된다는 것과 그리스도인답게 산다는 것에는 차이가 있다. 우리가 어떤 자리에 오르는 것과 그 자리에 걸맞게 행동하는 것은 다른 일이다. 요즘 웬만하면 창업을 해서 사장이 될 수 있지만, 사장이 되는 것과 사장으로 사는 것은 전혀 다르다. 『사장으로 산다는 것』이라는 책의 저자는 사장이라면 적어도 종업원 앞에서는 아무리 속이 타도 웃고 불안해도 웃어야 한다고 말한다. 사장이 불안해하면 종업원들은 더 불안해서 일을 할 수 없기 때문에 진짜 사장으로 살아가려는 사람은 자신만의 고통과 불안을 감내해야 한다는 것이다. 그러기에 고통을 감내하는 수준이 종업원과는 다를 수밖에 없다. 한마디로 사장은 사장의 정체성을 가지고 살아야 한다.

우리가 그리스도인으로 사는 것도 마찬가지다. 예수님을 믿기만 하면 그리스도인이 되지만, 진짜 그리스도인으로 살아가려면 아무리 환경이 어렵고 고통스럽다 해도 그리스도인의 정체성을 가지고 항상 기뻐하고 범사에 감사하며 살아야 한다. 또 동일한 상황을 보더라도 사장이 종업원과는 다른 눈으로 상황을 해석하듯이 예수 믿는 사람도 세상 사람들과는 다른 예수님의 안목으로 상황을 해석하고 해결하는 눈을 가져야 한다.

2006년 1월, 미국의 유명한 신앙 방송프로그램인 "Bible answer man"에서 낸시 거스리와 대담을 한 적이 있었다. 낸시 거스리는 불치병으로 두 아이를 잃은 여자였다. 첫째 딸 호프는 몸의 독소가 계속 쌓이는 젤웨거 신드롬이라는 병으로 태어난 지 7개월도 못 되어 세상을 떠났고, 둘째 아들 가브리엘도 같은 병으로 6개월을 넘기지 못하고 세상을 떠났다. 낸시는 인생의 무지막지한 불청객을 맞았고, 보통 사람은 상상할 수조차 없는 고통을 겪었다. 대담자가 물었다.

"아기를 한 번 잃는 것도 고통스러운 일인데, 당신은 그런 비극을 두 번이나 겪었습니다. 그런 와중에서도 당신은 고통 중에 있는 사람들에게 회복을 주는 『희망의 365일』이라는 책을 썼습니다. 어떻게 그것이 가능했습니까?"

낸시는 이렇게 대답했다.

"저는 절망감, 상실감, 그리고 의문점이 들 때마다 하나님의 진리의 말씀으로 맞서야 했습니다. 왜냐하면 우리가 진리가 아닌 감상에 빠져 있다면 궁극적으로 그것은 우리에게 어떤 위로도 줄 수 없을 것이기 때문입니다."

그녀가 고통 중에 있을 때 그녀를 슬픔에서 일으켜 세웠던 말씀은 "내가 그리스도와 그 부활의 권능과 그 고난에 참여함을 알고자 하여 그의 죽으심을 본받아 어떻게 해서든지 죽은 자 가운데서 부활에 이르려 하노니"(빌 3:10-11)였다. 낸시 거스리는 인생의 지독한 고통의 터널을 지났지만, 세상의 소리에 자신을 맡긴 것이 아니라 오직 하나님의 말씀 앞에 자신을 두었다. 또한 그 말씀에 귀를 기울였고, 그 말씀을 믿고 올바르게 반응했기 때문에 그녀는 다시 일어설 수 있었던 것이다. 이처럼 그리스도인으로 살아간다는 것은 우리가 하나님의 말씀에 제대로 반응할 때 일어나게 된다.

마지막 7년이 되기 전에 이 시대의 그리스도인들은 시대의 악과 싸워야 한다. 우리 주위에 하나님의 영광을 가리고, 하나님의 순전한 말씀을 손상시키며, 하나님의 공동체에서 이단이 발호하고, 세상의 불의와 악이 창궐할 때, 못 본 척 눈감아서는 안 된다. 싸워 이겨야 한다. 정면 돌파해야 한다.

교회는 주님이 오실 때까지 거짓 예언자들, 거짓 선지자들, 거짓 신학자들, 거짓 교사들, 각종 이단들과 싸워야 하며 동성애, 낙태, 부정직, 각종 테러와 인명 살상에도 강력하게 대응해야 한다. 또한 무신론 사상과 이데올로기의 모든 형태의 우상숭배와도 싸워 이겨야 한다.

이러한 영적 전투 가운데서 가장 강력하게 싸워야 할 대상은 다른 누가 아닌 바로 우리 자신이다. 우리는 무엇보다 우리 자신 속에 있는 부패와 육신의 욕망에 맞서 싸워 이겨야 한다. 죄악의 아들로 사는 것이 아니라 하나님의 자녀로, 예언의 성취를 믿는 자로서 살아가야 한다. 더 이상 삼손처럼 욕망의 노예가 되지 말고 타락해 가는 우리 자신을 추슬러야 한다.

　내적으로는 나 자신과 싸워 이겨야 한다면, 외적으로는 세상의 빛과 소금이 되어야 한다. 교회 안에서만이 아니라 세상 밖에서 싸워야 하는 것이다. 세상이 더 이상 타락하지 않도록 막아주는 소금의 역할을 해야 한다. 그것이 진정한 그리스도인의 영향력이다.

◌⃝ 거룩한 변수를 만들어 내는 자의 기도

하나님 아버지,

말씀을 통하여 하나님의 시간표를 깨닫게 하시고, 은혜의 때에 회개할 수 있게 하시니 감사드립니다. 하나님의 뜻은 반드시 이루어지지만 우리가 어떻게 하나님께 반응하느냐에 따라 그 기간과 과정이 달라질 수 있음을 깨닫습니다. 이미 많은 것이 성취되었고, 또한 종말의 때가 되면 주님이 재림하실 것을 믿습니다. 예언의 성취를 믿는 자답게 삶으로 보여 주는 그리스도인이 되겠습니다. 아무리 환경이 어렵고 고통스럽다 해도 그리스도인의 정체성을 가지고 항상 기뻐하고 범사에 감사하며 살겠습니다. 마지막 7년이 되기 전, 하나님의 영광을 가리고, 하나님의 순전한 말씀을 손상시키며, 세상의 불의와 악이 창궐할 때 정면 돌파하겠습니다. 거짓 예언자들, 거짓 선지자들, 거짓 신학자들, 거짓 교사들, 각종 이단들과 싸우며 동성애, 낙태, 부정직과 무신론, 그리고 모든 형태의 우상숭배와 싸워 이기게 도와주옵소서. 하나님의 자녀로서, 예언의 성취를 믿는 자로 살아가게 하옵소서. 예수님의 이름으로 기도합니다. 아멘.

12 다가올 영적 전쟁을 준비하라
대환란의 예언(단 11:1-45)

2000년을 시작하던 해, 새로운 세기, 뉴 밀레니엄을 앞에 놓고 많은 사람들이 새로운 세상에 대한 기대와 희망이 있었다. 하지만 2000년 이후의 인류 역사는 희망보다는 테러와 전쟁의 우울한 모습을 더 많이 보여 주고 있다. 어마어마한 쓰나미가 지나갔고, 아이티의 지진으로 수십만 명이 죽었다. 미국에는 9.11테러가 있었고, 세계 각국과 중동지역에는 많은 내란과 전쟁이 있었다.

과거 공산주의가 몰락할 때도 많은 사람들이 희망을 가졌다. 역사학자인 프랜시스 후쿠야마는 『역사의 종언과 최후의 인간』이라는 책에서 "이제 이데올로기 간의 갈등은 사라지고 인류에게는 영구적인 평화가 도래할 것이다"라고 말했다. 하지만 좀 과장되게 표현한다면, 그 책의 잉크가 채 마르기도 전에 세계는 세기말과 세기 초의 분쟁에 휩싸였고, 지금도 곳곳에서 크고 작은 분쟁이 계속되고 있다.

사람들은 미래로 나아갈수록 지상에 참된 평화가 도래할 것이라고 말하지만, 이런 생각은 비성경적인 소박한 낙관론에 불과하다. 미래에 대한 낙관론에는 더 이상 하나님은 보이지 않고 욕망에 찬 사람만이 있기 때문이다. 하나님이 부재한 곳에는 진정한 평화가 있을 수 없다. 사람들은 하나님을 몰아내고 그 자리에 인간을 등극시켜 인간의 세상과 세기를 만들려고 했으나, 천지에 보이는 것은 돈, 기술, 욕망의 흔적들이요, 허무주의와 쾌락주의만이 세상을 가득 채우고 있을 뿐이다. 이러한 때에 우리 그리스도인들은 이 땅에 흐르고 있는 다양한 형태의 인간숭배, 개인주의, 쾌락주의, 배금주의 그리고 무신론이 어디에서 비롯된 것인지 영적 분별력과 신앙의 정체성을 갖고 확인해야 한다.

영적 분별력과 신앙의 정체성을 가지라

다니엘 11장은 역사의 마지막 때에 하나님의 자녀가 가져야 할 영적 분별력과 신앙의 정체성을 가르쳐 준다. 11장 전체를 보면 1절부터 35절까지는 이미 성취된 예언들이다. 다니엘이 이 예언을 들은 지 300여 년이 지나서 모두 성취되었다. 그래서 어떤 의미에서 이 부분은 예언서라기보다는 역사서이다. 우리는 이미 이루어진 일을 다시 한 번 점검할 수 있다.

그리고 36절부터 12장 3절까지는 앞으로 성취될 예언들이다.

"이제 내가 참된 것을 네게 보이리라 보라 바사에서 또 세 왕들이 일어날 것이요 그 후의 넷째는 그들보다 심히 부요할 것이며 그가 그 부요함으로 강하여진 후에는 모든 사람을 충동하여 헬라 왕국을 칠 것이며"(단 11:2).

바사는 '페르시아'를 뜻하는 한자어다. 페르시아에서 세 왕이 나타난다고 했는데, 이 세 왕의 이름은 캄비세스, 스멜디스, 다리오 1세 히스타페스였다. 네 번째 왕의 영어발음은 세륵세스, 라틴식 발음은 크세르크세스였다. 이 크세르크세스는 즉위 후 그의 부왕 다리오가 실패한 헬라 정복 사업을 물려받아 막강한 경제적, 군사적 힘을 바탕으로 마케도니아 헬라 왕국까지 침공했다.

"장차 한 능력 있는 왕이 일어나서 큰 권세로 다스리며 자기 마음대로 행하리라"(단 11:3).

헬라 왕국에 한 능력 있는 왕, 알렉산더 대왕이 일어났다. 얼마나 권세가 컸던지 모든 것을 자기 마음대로 행했다.

"그러나 그가 강성할 때에 그의 나라가 갈라져 천하 사방에 나누일 것이나 그의 자손에게로 돌아가지도 아니할 것이요 또 자기가 주장하던 권세대로도 되지 아니하리니 이는 그 나라가 뽑혀서 그 외의 다른 사람들에게로 돌아갈 것임이라"(단 11:4).

이 예언은 역사에 정확히 이루어졌다. 알렉산더 대왕이 강성할 때, 그의 나라가 네 나라로 나눠졌다. 남방의 애굽 프톨레미, 북방의 시리아 셀류쿠스, 소아시아 지역의 리시마쿠스, 마케도니아 지역의 카산더, 이 네 장군에 의해 네 나라로 나누어진다. 예언대로 알렉산더 대왕의 아들이 왕위를 이어받지 못한 것이다. 역사는 알렉산더 대왕이 주장하던 권세대로도 되지 않았고, 그 나라가 뽑혀서 그 외의 다른 사람들에게로 돌아갔다.

또 남방 프톨레미 왕가와 북방 시리아 셀류쿠스 왕가의 결혼이 결국 불행으로 치닫는다는 사실도 그대로 예언되어 있다(단 11:5-20). 유대인의 패망(단 11:14)도 예언되어 있는데, 안티오쿠스가 애굽을 공격하여 점령하는 내용이 나온다(단 11:15).

다니엘의 예언이 너무 정확하다 보니, 자유주의 신학자들 가운데 어떤 이들은 "어떻게 이리도 정확할 수 있는가? 틀림없이 후대 사람 누군가가 일어난 역사적 사실을 보고 다니엘의 예언을 다시 한 번 확인했을 것이다"라고 말하기도 한다. 성경학자들이 말하기를 다니엘 11장에 있었던 예언이 400년에 걸쳐 역사적 사실 그대로 성취된 일이 135가지나 된다고 하니, 정말 놀랍고 신기한 일이다.

"오직 와서 치는 자가 자기 마음대로 행하리니 그를 당할 사람이 없겠고 그는 영화로운 땅에 설 것이요 그의 손에는 멸망이 있으리라"(단 11:16).

"영화로운 땅"은 이스라엘 팔레스타인 지역을 말한다. 안티오쿠스가 그 지역을 점령한다는 내용이다. 다음에는 안티오쿠스 4세와 시리아에 대한 내용이 나온다(단 11:21-35).

> "군대는 그의 편에 서서 성소 곧 견고한 곳을 더럽히며 매일 드리는 제사를 폐하며 멸망하게 하는 가증한 것을 세울 것이며"(단 11:31).

이 구절은 굉장히 유명하다. 적그리스도의 예표가 앞에서 이미 말한 안티오쿠스 4세인데, 그가 한 일은 전쟁에서 싸우다가 어려움을 겪고 돌이오는 길에 화가 나서 팔레스타인을 공격한 것이다. 예루살렘 성을 더럽히고 멸망하게 하는 가증한 것을 세웠다. 미래에 일어날 대환란 시기에 적그리스도가 할 일을 미리 보여 준 셈이다.

그가 예루살렘 성을 더럽히고, 멸망의 가증한 것을 세우고, 돼지의 피로 제사를 드리고, 우상의 가증한 것을 세울 때 이스라엘 백성들은 가만히 있었는가?

> "그가 또 언약을 배반하고 악행하는 자를 속임수로 타락시킬 것이나 오직 자기의 하나님을 아는 백성은 강하여 용맹을 떨치리라"(단 11:32).

안티오쿠스 4세의 폭압과 하나님의 이름을 부끄럽게 한 이 일을 앞에 놓고, 막카비의 오 형제가 난을 일으켰다. 이들의 저항운동으로 말미암아 안티오쿠스를 물리쳤다. 이를 기념해 '하누카'를 지키기 시작했다는 말은 이미 앞에서 한 바 있다.

"마지막 때까지 이르게 하리니 이는 아직 정한 기한이 남았음이라"(단 11:35b).

아직 정한 기간이 남아 있어서 성취되지 않은 예언이 뒤따라 나온다. 그것은 대환란과 북방의 마지막 왕인 적그리스도가 일어나고(단 11:36-39), 전쟁과 침략이 일어난다는 뜻이다(단 11:39-42).

그 다음에는 전쟁이 나타나는데 대환란을 예표로 보여 주고 있다(단 11:44-45). 요한계시록 13장, 마태복음 24장, 누가복음 21장에 예언된 전쟁이기도 하다. 하지만 적그리스도는 멸망하고 만다(단 11:45).

"그때에 네 민족을 호위하는 큰 군주 미가엘이 일어날 것이요 또 환난이 있으리니 이는 개국 이래로 그 때까지 없던 환난일 것이며 그 때에 네 백성 중 책에 기록된 모든 자가 구원을 받을 것이라"(단 12:1).

지상에 나라가 생긴 이래로 그때까지 없던 큰 환란이 일어난다고 하는데, 요한계시록에서는 이 사건을 '대환란'이라고 표현한다. 이 대환란이 일어날 때 하나님은 감사하게도 생명책에 기록된 모든 자를 구원하신다.

이 대환란과 구원의 시기에 대해서는 신학자들 사이에서 의견이 분분하다. 어떤 신학자들은 대환란 전에 하나님의 백성들이 구원받을 것이라 하고, 어떤 신학자들은 대환란을 통과하고 나서 하나님의 백성들이 구원받을 것이라고 한다. 하지만 중요한 것은 역사의 비밀은 오직 살아계신 하나님의 손 안에 있다는 것이다. 이것이 우리가 다니엘 11장을 통해 얻을 수 있는 가르침이다.

"나는 앞으로 무엇이 일어날지 모릅니다. 나는 길을 알지 못합니다. 오직 하나님 한 분께서 날 인도하시기 위해 가까이 계시는 것을 믿습니다. 그분이 나에게 길을 보여 주실 것을 압니다. 나는 누가 미래를 붙들고 계시는지 압니다. 그분이 자기 손으로 직접 나를 인도하실 것입니다. 나는 미래 일과 맞서게 될 때 그것이 큰 문제든 작은 문제든 기적의 하나님을 신뢰하며 나의 전부를 맡기겠습니다."

이것이 바로 '역사를 주관하시는 하나님의 목적은 언제나 도덕적이고 실천적이라는 것'을 믿는 이들이 해야 할 고백이다.

성취된 예언, 성취될 예언

"땅의 티끌 가운데에서 자는 자 중에서 많은 사람이 깨어나 영생을 받는 자도 있겠고 수치를 당하여서 영원히 부끄러움을 당할 자도 있을 것이며 지혜 있는 자는 궁창의 빛과 같이 빛날 것이요 많은 사람을 옳은 데로 돌아오게 한 자는 별과 같이 영원토록 빛나리라"(단 12:2-3).

이 모든 과정들 가운데 이스라엘 백성들은 남방에 붙여지기도 하고 북방에 붙여지기도 하면서 갖은 고생을 한다. 그러나 결국 죽은 자들이 부활하게 되고, 영광스러운 하나님의 나라가 펼쳐지게 된다.

주님은 대환란과 고통의 날이 우리에게 오겠지만, 그런 날이 오는 것을 보거든 머리를 들고 역사를 바라보는 눈을 가지고 시대를 분별하며 주님의 나라를 준비하라고 하셨다.

> "이런 일이 되기를 시작하거든 일어나 머리를 들라 너희 속량이 가까웠느니라 하시더라"(눅 21:28).
>
> "이와 같이 너희가 이런 일이 일어나는 것을 보거든 하나님의 나라가 가까이 온 줄을 알라"(눅 21:31).

하나님께서는 예언을 성취하시는 분이다. 성경은 하나님의 현실성을 증명하고 있다. 다니엘서에서 등장한 135개의 예언들 하나하나가 모두 고대 근동 역사에서 성취되었다. 자유주의자들이 주장하는 것과 같이 인간은 미래를 예언할 수 없다. 그러므로 다니엘을 통하여 이 예언들을 주신 분이 분명히 하나님이시며, 그분이 인류 역사에 매우 깊은 관심을 가지고 계심을 알 수 있다. 전지전능하신 하나님은 미래를 꿰뚫어보시고 미래 역사를 주관하시는 분이다. 이 사실은 믿는 사람들에게 미래에 대한 확신을 준다. 이 예언들이 성취된 이후의 시대를 살고 있는 우리는 과거에 하나님께서 계시하셨던 예언이 이미 그대로 이루어졌다는 사실을 확인할 수 있다. 따라서 우리의 미래에 대해 많은 예언을 하고 있는 성경 말씀들이 모두 이루어질 것도 확신할 수 있다. 과거에 하나님께서 다니엘을 통해 주셨던 예언을 역사 속에서 어떻게 성취하셨는가를 보면 뚜렷한 확신이 온다.

"그는 깊고 은밀한 일을 나타내시고 어두운 데에 있는 것을 아시며 또 빛이 그와 함께 있도다"(단 2:22).

하나님께서 예언하신 말씀에 대한 기록이 전체 신구약성경의 27퍼센트쯤 된다고 한다. 그렇다면 이 예언의 말씀, 성취된 일과 성취되어야 할 일을 앞에 놓고 우리는 어떻게 살아가야 하는가.

우리가 갖춰야 할 영적 무기

첫째, 우리는 우리의 미래가 철저하게 하나님의 손 안에 있음을 믿어야 한다. 다니엘 11장에 나오는 135가지의 사건들이 그대로 이루어졌다고 믿는다면, 미래도 하나님이 말씀하신대로 이루어짐을 믿어야 한다. 하나님께서 미래를 지배하신다는 사실을 믿어야 한다.

사도 바울은 이렇게 말했다.

"인류의 모든 족속을 한 혈통으로 만드사 온 땅에 살게 하시고 그들의 연대를 정하시며 거주의 경계를 한정하셨으니"(행 17:26).

이처럼 하나님은 우리를 지배하고 계신다. 내가 나의 주인이 되어서, 내가 내 인생의 핸들을 잡고, 내 삶을 맘대로 움직이고 싶은 사람은 아마 하나님이 미래를 지배하신다는 사실에 굉장한 거부감을 느낄지도 모른다. 하지만 하나님의 손 아래에서 역사가 움직이고 있다는 것을 기억하는 사람은 하나님 안에서 진정한 영적 자유함을 누릴 수 있다. 인간은 실수가 많고 부족하지만, 창조주 하나님은 완벽하시며 실수가 없으시기 때문이다.

둘째, 우리는 미래를 감당할 영적 무기가 필요하다.

세상에서 어려움을 조금이라도 덜 겪기 위해 우리는 나름대로 노력한다. 하지만 그 노력이 그렇게 큰 영향을 끼치지는 못한다. 우리 삶의 고통은 어느 정도 줄일 수 있겠지만, 삶의 궁극적인 문제를 해결할 수는 없기 때문이다. 아무리 시간을 정해 놓고 규칙적으로 운동을 해도 우리는 죽음과 질병의 문제를 피해갈 수 없으며, 아무리 보험을 많이 들었다고 해도 갑자기 찾아오는 재난과 사고를 피해갈 수는 없다. 시민운동을 한다 해도, 국회 정화운동을 한다 해도 이 시대가 당면한 교육과 경제 문제의 근원적 해결책을 내놓을 수는 없다. 인생의 결국은 주님이 쥐고 계시기 때문이다.

우리의 처음과 끝을 아시고, 이 세계에 대한 계획을 가지고 계신 능력자 주님께 우리가 진심으로 기도할 때, 주님은 단순히 눈앞에 보이는 문제가 아닌 문제의 근원을 치유해 주신다. 진실과 정직과 사랑과 감사를 회복시켜 주심으로 말미암아, 내 마음속의 완악함과 무자비함과 탐욕이 얼마나 지저분한 결과들을 가져왔는지 보게 하실 것이다.

영적 무기란 무엇인가. 재력이나 외모나 지위나 학벌이 아니다. 이런 세속적 무기로는 세상의 생존경쟁에서 일시적으로 승리할 수는 있다. 하지만 주님은 우리를 이 땅에 보내실 때 생존경쟁에서 이기라고 보내시지 않았다. 하나님의 뜻을 나타내라고 보내셨다.

지금 영적 전쟁을 치러야 할 곳이 세계 도처에 널려 있는데도, 우리 시대의 그리스도인들은 영적 전쟁에 나서지 않고 있다. 영적 무기로 싸워야 하는데 육체적 무기로 영적 전쟁에 뛰어드니 힘없이 무력하게 쓰러져버리는 것이다.

영적 전쟁은 단순히 머릿속에 있는 탁상공론의 세계가 아니다. 이것은 내가 영적 무기를 들고 싸우지 않으면, 삼킬 자를 찾아 헤매는 마귀에게 삼키운 바 되는 무섭고도 실제적인 전쟁이다.

그리스도인은 영적 무기를 반드시 갖추어야 한다. 이 무섭고도 살벌한 전쟁을 예수 그리스도의 이름에 의지하여 승리로 이끌어야 하는 것이다.

우리의 막강한 영적 무기는 바로 예수 그리스도다. 예수님의 보혈은 무엇과도 비교할 수 없는 강력한 무기다. "지금까지는 너희가 내 이름으로 아무것도 구하지 아니하였으나 구하라 그리하면 받으리니 너희 기쁨이 충만하리라"(요 16:24), "내 이름으로 무엇이든지 내게 구하면 내가 행하리라"(요 14:14)는 하나님의 말씀, 성도의 기도와 금식, 굳건한 반석 되시는 그리스도가 우리의 소망이라고 믿는 찬양, 성도의 살아 있는 간증, 하나님의 전신갑주, 성령의 기름 부어주심이 강력한 영적 무기다.

오늘 나의 손에는 무엇이 들려 있는가? 살아 있고 운동력이 있어서 우리의 혼과 관절과 골수를 쪼개는 하나님의 말씀인 성령의 검이 들려 있는가? 아니면 세상 사람들과 소통하는 무기인 휴대폰만 들려 있는가? 우리는 더 이상 이 세상의 무기가 아니라, 하나님이 주시는 놀라운 영적 무기를 손에 들어야 한다.

셋째, 영적 무기가 우리에게 제대로 주어지기 위해서는 미래를 위한 영적 교제가 필요하다. 우리 시대 그리스도인들에게는 새로운 세계가 펼쳐져 있다. 우리는 영적 전쟁을 감당하고, 세계 역사를 하나님 나라의 역사로 바꿔 가야 할 책임이 있는데, 이 새로운 세계에서는 혼자서 이 일을 감당할 수 없다.

"모이기를 폐하는 어떤 사람들의 습관과 같이 하지 말고 오직 권하여 그날이 가까움을 볼수록 더욱 그리하자"(히 10:25).

그날이 가까워 옴을 볼수록 더 영적 교제를 확보하자는 말이다. 영적 교제의 능력에 대해 관심을 갖는 그리스도인은 '어떻게 하나님의 사람들을 세워나갈 것인가'를 고민한다. 사업을 하더라도 돈만 벌겠다고 작정하지 않는다. 사업을 하면서 만난 사람들을 어떻게 주님의 은혜로 이끌 것인지를 소중하게 생각한다. 영적 교제의 능력을 아는 가장들은 자녀들과의 교제를 소중하게 생각한다. 자녀들과 함께 시간 보내는 것을 아주 중요하게 여기는 것이다. 아이들에게 컴퓨터나 게임기를 사주는 것보다 함께 제자 된 삶을 나누는 것에 관심을 더 기울인다.

과거 조직폭력배 전주파의 두목이었던 김용남 집사님은 자신을 전도한 이의 돈을 떼어먹으려고 교회에 따라 나와서 예배드리고 말씀 듣다가 주님을 만났다.

그러나 조직세계에 있다가 나오니 갑작스럽게 형편이 어려워지고, 갖은 유혹 때문에 괴로웠다. 종종 후배가 전화해서 5억을 받아주면 그중에 1억을 떼어줄 테니 돈 좀 받아달라고 부탁하면 마음에 갈등이 생겨 밤을 지새운 적도 있었다. 그러다가 딸이 대학에 입학했는데 등록금을 낼 수 없어서 후배에게 전화를 할까 말까 고민하다가 전화기를 앞에 놓고 하나님의 도우심을 구했다.

그때 문득 이런 생각이 들었다.

'만약 내가 과거의 세계로 돌아가면 앞으로 후배들 가운데 누가 교회에 나와 은혜 받고 변화되겠는가?'

집사님은 후배에게 전화 걸 생각을 포기하고 금 목걸이를 팔아 등록금을 마련했다. 그 고민되는 상황에서 믿음을 지킬 수 있었던 것은 기도실을 만들어 놓고 하루에 두 시간씩 간절하게 하나님 앞에 기도해 왔기 때문이다.

하나님을 신뢰하고 그 믿음을 행함으로 나타내는 일은 상황이 어렵다고 변할 수 있는 문제가 아니다. 하나님께서 미리 말씀하신 내용이 성취되고 있는데 왜 절망하고 낙심하는가? 고통스럽고 힘든 상황은 우리의 믿음을 망치려고 주신 것이 아니라 우리의 믿음을 확증하려는 것이다. 주님께서 말씀하신 것처럼 이 모든 일은 지나갈 것이다.

하나님이 이미 이룬 성취에 대해서는 우리가 기억하고, 앞으로 이루실 성취에 대해서는 믿고 신뢰해야 한다. 해 아래에 새로운 것도 없고, 영원한 것도 없다는 것은 진리다. 아무리 권세가 있어 보여도 세상의 정권들은 끝을 맞게 되어 있다. 예수 그리스도가 오실 때까지 세상에는 계속 새 정권들과 권세들이 일어날 것이요, 또 망할 것이다. 간혹 그리스도인들을 핍박하는 정권들도 들어설 것이다. 그러나 그들은 영원하지 않을 것임을 기억하라.

또한 세상 권세의 흥망성쇠가 여러 번 지나야 그리스도의 왕국이 임하게 될 것이다. 그리고 환란은 교회를 온전하게 하며, 신비로운 능력을 경험할 기회가 될 것이다. 그래서 우리는 환란 속에서도 감사할 수 있다.

영적 전쟁에 임한 자의 기도

하나님 아버지,

세상에 임한 영적 전쟁을 알게 하시니 감사합니다. 나의 주인이 되어서 내 인생의 핸들을 잡고 내 미래를 열어 가시는 분은 하나님입니다. 그 안에서 영적 자유함을 누리게 하심 또한 감사합니다. 사람들은 세상에서 조금이라도 어려움을 덜 겪기 위해 노력하지만 삶의 궁극적인 문제는 해결하지 못합니다. 인생의 결국은 주님이 쥐고 계심을 저는 믿습니다. 우리의 처음과 끝을 아시며 우리가 기도할 때 우리 눈앞의 문제가 아닌 궁극적인 문제를 해결해 주실 줄 믿습니다. 이런 모든 문제들 속에 있는 영적 전쟁을 깨닫게 하시고 승리로 우리를 이끌어 주옵소서. 우리의 재력이나 외모나 지위나 학벌이 영적 무기가 아님을 우리로 알게 하옵소서. 육체적 무기로 영적 전쟁에 뛰어드는 어리석음을 범하지 않게 도와주옵소서. 살아 있고 운동력이 있어서 우리의 혼과 관절과 골수를 쪼개는 하나님의 말씀, 성령의 검을 들게 하옵소서. 하나님이 주시는 놀라운 영적 무기를 손에 들고 세상에 펼쳐진 영적 전쟁에 뛰어들어 정면 돌파하게 도와주옵소서. 예수님의 이름으로 기도합니다. 아멘.

PRAYER

3부
우리의 기도가 미래를 결정한다

13 하루에 세 번, 정한 시간에 기도하다
습관기도 (단 6:10 –14)

다니엘은 완벽한 사람이었다. 도무지 어떤 흠도 발견할 수 없었다. 몇 번이나 검증을 해도 여자관계, 뒷거래, 돈거래, 뇌물수수 등 어떤 흠도 발견되지 않았다. 심지어 다니엘을 괴롭히고 끌어내리려는 정적들조차도 좌절을 느낄 정도였다.

그런데 정적들이 한 가지 틈을 발견했다. 그것은 하루에 세 번씩 여호와 하나님께 기도하는 것이었다. 다니엘의 정적들은 다니엘의 신앙을 가지고 흠을 잡기로 했다.

당시 메대 페르시아의 황제는 거의 현존하는 신과 같았다. 정적들은 그 신에게만 경배해야 한다는 칙령을 만들어, 한 달 동안은 황제에게만 절을 하고 다른 신에게는 절하지 못하게 하자는 음모를 만들었다. 그들은 황제에게 아첨하며 이 칙령을 허락해 달라고 말했다. 황제는 기분이 좋아서 그 음모를 승낙하고 말았다.

다니엘은 당시 최고의 관리였기 때문에, 그 작전을 다 알았으리라고 추측할 수 있다. 또 그렇기 때문에 자신의 영향력을 이용해서 그 음모에서 빠져나갈 수 있는 다른 길을 마련할 수도 있었을 것이다. 하지만 다니엘은 인간적인 술수를 쓰지 않고 정면 돌파했다. 평소에 하던 대로 하나님 앞에 기도했다. 그는 어쩌면 그동안 신앙생활을 해오면서 인간적인 방법을 쓰면 오히려 더 큰 문제가 생긴다는 것을 알고 있었던 것 같다. 황제의 금(禁)하는 도장이 찍힌 것을 알고도 그가 하나님 앞에 나아가 평소에 하던 대로 기도했다는 것은 대단한 신앙의 담력이다. 다니엘은 세상 황제의 칙령보다 하나님의 칙령을 더 두려워할 줄 알았던 것이다.

다니엘의 신앙은 변함이 없었다. 청소년 시기에 뜻을 정한 다니엘은 그 신앙을 여든이 넘은 나이에도 동일하게 지켰다. 다니엘의 신앙은 늘 푸른 나무처럼 한결같은, 결코 예수님을 배반하지 않는 신앙이었다. 그는 어떻게 이런 신앙을 유지할 수 있었을까.

하루 세 번, 습관기도

"다니엘이 이 조서에 왕의 도장이 찍힌 것을 알고도 자기 집에 돌아가서는 윗방에 올라가 예루살렘으로 향한 창문을 열고 전에 하던 대로 하루 세 번씩 무릎을 꿇고 기도하며 그의 하나님께 감사하였더라"(단 6:10).

여든이 넘도록 평생을 살아오면서 다니엘은 인생의 우선순위를 정할 줄 알았다. 그 우선순위는 하루 세 번씩 시간과 장소를 구분하여 하나님 앞에 기도하는 것이었다. 치밀한 음모와 혹독한 현실 속에서 다니엘은 체질화된 기도 생활을 통해 영적 돌파력을 키웠다.

그는 왕의 도장이 찍힌 칙령이 선포된 것을 알고도 습관대로 자신의 다락방에 올라가 예루살렘을 향하여 창문을 열고 하나님께 기도함으로 하나님과의 의사소통에 들어간다. 현실을 지배하고 통치하는 페르시아제국의 황제가 내린 법에 굴복할 것인가? 아니면 창조주이시며 구원자이신 하나님의 왕 되심을 인정할 것인가? 다니엘의 상록수와 같은 지조 있는 기도는 인생의 흥망성쇠를 다스리는 지상의 왕이 페르시아의 왕이 아니고 이스라엘의 하나님이심을 인정하는 것이었다. 이렇게 페르시아 왕의 도장이 찍힌 칙령이 지배하는 현실 속에서도 하나님께 기도하며 그분의 주재권과 하나님 나라의 통치권을 가슴 깊이 확신한 사람은 세상을 이길 수 있다. 어떤 환란과 두려움도 이겨 낼 수 있는 것이다.

그런데 다니엘은 이 기도 습관을 언제부터 갖게 된 것일까. 포로로 끌려온 후부터였을까? 바벨론제국 시절에 고난 받을 때부터였을까? 아니면 메대 페르시아제국에서 영향력을 행사하면서부터였을까?

"저녁과 아침과 정오에 내가 근심하여 탄식하리니 여호와께서 내 소리를 들으시리로다"(시 55:17).

유대인은 저녁부터 하루가 시작되는 것으로 여겨서 저녁과 아침과 정오에 세 번 기도했다. 다니엘의 기도 습관은 포로로 끌려오기 전 어려서부터 배운 것으로 여겨진다.

우리가 습관적으로 율법에 얽매여 세 번씩 기도하는 것은 잘못된 것인지도 모른다. 하지만 우리가 기도 시간을 정해 놓고 습관적으로 기도할 때, 하나님의 능력을 체험할 수 있다. 시간을 정해 놓고 기도하면 하나님께서 우리에게 베풀만한 자비를 베풀어 주신다. 결정적인 순간에 기도가 일을 할 것이다. 결정적인 순간에 우리를 보호해 주실 것이다. 이렇게 평소대로 기도해야 다니엘처럼 결정적 위기가 닥쳤을 때에도 피난처 되신 주님께 의지할 수 있는 것이다. 평소에 기도하지 않으면 결정적인 순간에 주님이 아닌 다른 것에 자신의 몸을 맡기게 된다.

그러므로 어린 자녀들에게 규칙적으로 기도하는 습관을 길러주는 것은 중요하다. 아직 기도의 습관이 몸에 익지 않았다면 지금부터라도 기도 습관을 익혀야 한다. 기도도 훈련이다.

성경의 위대한 인물들은 한결같이 기도생활에서 승리한 기도의 용사들이었다. 아브라함을 보라. 그는 가는 곳마다 주님께 기도드렸다. 이삭 또한 저녁 때 들에 나가 묵상할 만큼 묵상 기도의 대가였다(창 24:63). 야곱은 열정적인 기도의 사람이었다. 여호수아는 새벽기도의 대장이었다. 모세는 하나님의 백성을 위해 시간을 정해 놓고 간절한 마음으로 기도하던 중보기도의 대가였다. 그런가 하면 누가복음 18장에 나오는 마음이 찢긴 억울한 과부는 그 속에서도 시간을 정해 놓고 습관을 쫓아 기도드렸다. 우리 예수님은 습관을 쫓아 기도하시며 숨을 쉬듯이 늘 기도하시는 가장 완벽한 기도의 모범이 되셨다.

예루살렘 성전 미문에 앉았던 앉은뱅이가 어떻게 벌떡 일어났는가.

습관을 쫓아 제 9시만 되면 합심기도를 했던 베드로와 요한 때문이 아닌가. 이 기도를 통해 받은 영권으로 성전 미문에 앉아 있던 앉은뱅이를 일으키는 능력의 사자가 된 것이다. 이것은 우리가 기도할 때 질병에 눌린 앉은뱅이, 절망에 눌린 앉은뱅이, 돈에 눌린 앉은뱅이를 일으켜 주신다는 놀라운 약속의 말씀이기도 하다.

강원도 예수원에 가면 아침과 점심과 저녁 시간을 따로 떼어 놓고 중보기도를 한다. 중보기도의 폭이 굉장히 넓어 세계를 아우르기도 한다. 기도 습관을 쫓아서 기도할 때에 믿음의 용량도 커진다. 그로 말미암아 어떤 고난의 행군도 능히 감당할 수 있게 된다.

그 누구도 아침에 일어나서 아무런 준비 없이 밖에 나가는 사람은 없다. 적어도 일상생활과 직장 일을 제대로 하려면 아침에 이를 닦고, 세수를 하고, 가방을 들고, 몸을 단정히 하고, 전철을 탄다. 그냥 잠옷 입은 채로 밖에 나오는 사람은 없을 것이다.

이처럼 기도 습관은 새로 주신 한 날을 살아가기 위한 기본적인 영적 준비다. 기도 없이, 말씀 없이, 하나님과의 교제 없이 하루를 시작하는 것은 마치 잠옷 입은 채로 전철을 타는 사람과 같다.

습관적인 기도를 한다는 것은 우리가 아침마다 시간을 정해 놓고 하나님과 인격적인 교제를 나누는 것이다. 정해 놓은 시간과 장소에서 주님 앞에 기도하는 것이다.

친구 사이도 마찬가지다. 꼭 급한 일이 생겨야만 전화하는 친구가 있다. 이런 친구는 전화를 받고 나서도 별로 기쁘지가 않다. 그가 물어보는 문안인사도 그다지 진심으로 와 닿지 않는다. 그런 친구는 꼭 뭔가 부탁할 것을 제시한다.

그런데 또 다른 친구는 그냥 네 목소리가 듣고 싶어서 전화했다고 한다. 진심으로 내 안부가 궁금해서 전화했다고 말한다. "밥 잘 챙겨 먹어"라고 말하는 친구의 한마디에 따뜻한 애정이 느껴진다. 그러니 그 친구한테 급한 일이 생겼다고 하면 발 벗고 나서서 도와주고 싶은 마음이 든다.

두 친구 중에 내가 누구를 더 사랑하겠는가. 사람과 사람 사이도 이러할진대, 우리 마음의 모든 것을 꿰뚫어보시는 하나님은 어떠하겠는가.

평소에 하나님께 기도하는 것은 하나님을 애인으로 생각하는 것이지만, 급한 일이 있을 때만 기도하는 것은 하나님을 응급차로 만들어버리는 일이다. 기도는 더 이상 낙하산도 아니고, 응급차도 아니다. 기도는 하나님과의 친밀한 사랑의 통로가 되어야 한다.

이 시대를 살아가는 우리는 무엇보다 이 기도의 습관을 회복해야 할 것이다. 주님이 나 같은 죄인을 처음 만나 주셨을 때처럼 주님의 은혜가 너무나 감사해서 그저 눈물밖에 나지 않았던 그때로 돌아가야 한다. 하루 종일 식사기도 한 번 하는 것이 다라면, 기도하는 시늉 한 번 하지 않아도 전혀 마음의 불편함이나 부담이 없다면, 이제는 정말 기도를 회복해야 할 때이다.

기도하지 않으면서 함께 일하는 동료가 못마땅해 얼굴을 찡그리거나 내 인생은 왜 이 모양인가 한탄하고 고민하지 말라. 기도의 습관을 회복할 때, 세상 사람들이 알지 못하는 생명과 기쁨의 길이 보인다.

"주께서 생명의 길을 내게 보이시리니 주의 앞에는 충만한 기쁨이 있고 주의 오른쪽에는 영원한 즐거움이 있나이다"(시 16:11).

패니 J. 크로스비 여사는 맹인이었지만, 영혼의 눈은 누구보다 밝았다. 그녀는 주님 앞에 나아가 기도할 때마다 주님의 얼굴을 뵙는다고 노래했다.

주의 보좌로 나아갈 때에 어찌 아니 기쁠까
주의 얼굴을 항상 뵈오니 더욱 친근합니다
내가 매일 십자가 앞에 더 가까이 가오니
구세주 흘린 보배 피로써 나를 정케 하소서.
_찬송가 219장

우리도 날마다 기도하면 하나님의 얼굴을 매일 보며 천국의 기쁨을 맛볼 수 있을 것이다.

하나님께 감사하였더라

"전에 하던 대로 하루 세 번씩 무릎을 꿇고 기도하며 그의 하나님께 감사하였더라"(단 6:10b).

다니엘은 인생의 위기를 여러 번 만났지만 늘 하나님께 감사했다.

'노년에까지 어떻게 이러실 수가 있어! 한 많은 인생 때문에 정말 눈물이 앞을 가린다.'며 하나님께 원망하고 불평을 쏟아내기는커녕 감사했다는 것이다.

요즘 새로 출간된 NRSB(New Revised Standard Version)성경에서는 "감사하였다"를 "찬양하였다"로 표현했다. 구약학자들은 감사와 찬양의 기도는 혼용해서 써도 괜찮다고 말한다. 그것은 감사가 곧 하나님을 찬양하는 것이기 때문이다.

바울과 실라가 빌립보에서 복음을 전하다가 태장을 맞고 피를 철철 흘리며 감옥에 던져졌다. 그런데도 바울과 실라는 밤중에 기도하고 하나님을 찬미했다.

"한밤중에 바울과 실라가 기도하고 하나님을 찬송하매 죄수들이 듣더라"(행 16:25).

고난당하는 가운데서도 하나님께 기도하고 하나님을 찬양하니 옥문이 열리는 기적이 일어났다.

"이에 갑자기 큰 지진이 나서 옥터가 움직이고 문이 곧 다 열리며 모든 사람의 매인 것이 다 벗어진지라"(행 16:26).

하나님께서는 우리가 어떤 상황에서도 감사하고 찬양하기를 원하신다. 찬양도, 감사도 할 수 없는 상황에 놓인다 할지라도 다니엘처럼, 바울과 실라처럼 감사와 찬양으로 주님과 마주앉기를 원하신다. 그때 주님은 우리의 눈물을 닦아주실 것이다. 또한 옥문이 열리고 모든 매인 것들이 벗어지는 기적을 베풀어 주실 것이다. 낙심되고 고통스러울 때 하나님께 소망을 두라. 하나님께 소망을 둘 때 하나님이 우리를 도우신다.

"내 영혼아 네가 어찌하여 낙심하며 어찌하여 내 속에서 불안해 하는가 너는 하나님께 소망을 두라 그가 나타나 도우심으로 말미암아 내가 여전히 찬송하리로다"(시 42:5).

고난의 상황에 아직 그대로 놓여 있다 할지라도, 여전히 슬픔의 세월이 끝나지 않는다 할지라도 우리가 기도할 때 하나님의 도우심을 경험하게 된다. 그러므로 어떤 상황에서든지 하나님을 찬양하게 되는 것이다.

나도 지난 30년 동안 주님이 맡기신 일을 해오면서 고난의 행군을 할 때가 종종 있었다. 너무 힘겨워서 눈물이 날 때도 있었다. 그때마다 피아노 앞에 앉아, 내가 제일 좋아하는 찬양을 주님 앞에 드렸다.

주를 찬양하리 영원히 영원히 감사하리 영원히 영원히
찬양하리 영원히 영원히 찬양하리 영원토록 나의 예수
나의 주 나의 주 죽음에서 다시 살아나신 주
모두 절하고 모두 외치세 예수는 나의 주

이 찬양을 부를 때 주님은 어떤 고난도, 어떤 어려움도 이겨낼 수 있는 은혜를 폭포수처럼 부어 주셨다. 찬양을 부를 때 우리는 알게 된다. 주님이 우리를 창조하시고, 이 땅에 보내시고, 이 순간을 살게 하신 까닭을 말이다. 하나님이 우리에게 고통을 주시기 위해서가 아니라, 우리와 마주 앉아 머리를 쓸어 올려주고, 다독여 주고, 사랑해 주시기 위해서라는 것을 말이다. 그런 하나님의 사랑을 안다면 어떻게 주님을 찬양하지 않을 수 있겠는가.

북아프리카 히포의 감독이었고, 당대 최고의 신학자 어거스틴은 이런 말을 했다. "하나님을 향한 나의 사랑은 시편의 찬양 기도를 들을 때마다 출렁거린다." 자신의 마음속에 거룩한 은혜의 물결이 넘실대는 것을 표현한 것이다.

19세기의 유명한 스코틀랜드 선교사였던 제임스 길모어는 이렇게 말했다.

"아침에 마음이 답답하여 하나님의 임재 속으로 들어가기 어려울 때에는 성경을 편다. 특히 시편을 읽는다. 그 순간에 내 마음의 카누를 내몰아 말씀의 바다에 띄우고 물살이 이끄는 대로 나를 맡긴다. 그 물살은 언제나 살아 계신 하나님께로 흘러간다. 시편의 찬양 기도를 따라 흘러가다가 멈추는 곳에서 묵상의 닻을 내리는데 그곳은 언제든지 깊고 강렬한 은혜의 바다가 펼쳐진다."

세상 주위를 둘러보아도 아무도 없는 듯하고 온갖 돌팔매질과 음모가 난무하는 중에 우리가 할 수 있는 단 하나는 손을 들고 주를 찬양하고 주께 기도하는 것이다.

목숨마저 내어 놓는 의탁기도

"그 무리들이 모여서 다니엘이 자기 하나님 앞에 기도하며 간구하는 것을 발견하고"(단 6:11).

적들은 아마 의심했을지도 모른다. 황제의 칙령까지 선포되었는데, '설마 다니엘이 자기 목숨까지 내어놓으면서 하나님께 기도할까? 그도 사람인데…' 하고 생각했을 것이다. 그런데 그들은 다니엘이 여전히 하나님 앞에 기도하며 간구하는 것을 발견했다.

다니엘이 자기 목숨을 내놓고 전적으로 주님 앞에 의탁했던 것이다. 실오라기 하나라도 주님께 다 맡기는 것이 의탁기도이다. 큰 어려움을 당했을 때 우리가 할 수 있는 최선의 방법은 기도로 하나님께 우리를 맡기는 것이다.

혼자서 모든 것을 다 잘할 수 있는 사람은 이 땅에 아무도 없다. 누구도 사랑이 충분히 많다거나, 관계가 완벽하다거나, 충분히 겸손하고, 충분히 능력 있고, 충분히 용감한 사람은 없다. 하나님께 전적으로 의탁하는 사람은 하나님을 통해서 모자란 겸손과 능력과 용감함을 채울 수 있다. 주님이 날마다 새로운 힘을 부어 주시기 때문이다. 주님은 약속하셨다.

"너희 염려를 다 주께 맡기라 이는 그가 너희를 돌보심이라"(벧전 5:7).

밤잠을 이루지 못할 만큼 힘든 상황이 닥쳤을 때 주님께 맡겨보라. 맡긴다는 것은 무엇인가? 주님께 사실 그대로를 아뢰는 것이다. 주님께 도움을 요청하는 것이다. 그럴 때 하나님이 모든 상황을 통제하시고 나를 선한 길로 인도하신다. 그 확신 가운데 평안이 회복된다.

"네 짐을 여호와께 맡기라 그가 너를 붙드시고 의인의 요동함을 영원히 허락하지 아니하시리로다"(시 55:22).

주님께 내 모든 짐을 다 맡기는 순간 나도 모르게 주님이 주시는 평안을 느낄 수 있다.

"네가 부를 때에는 나 여호와가 응답하겠고 네가 부르짖을 때에는 내가 여기 있다 하리라"(사 58:9).

세상의 모든 것을 주관하시는 하나님께 "아버지!" 하고 매달리면 그때마다 "나 여기 있다" 하고 응답해 주신다는 것이다.

몇 년 전 둘로스라는 배가 입항했다. 입항식 때 말씀을 전하게 되었는데, 그때 전한 말씀이 기도에 관한 것이었다.

"한 번 더 부르짖으십시오. 강한 자와 약한 자 사이에 도와줄 자는 주님밖에 없습니다. 앞뒤좌우가 다 막혔을 때 기도의 끈을 회복시켜 보십시오. 생명줄을 다시 한 번 회복시켜 보십시오."

내가 말씀을 마치고 내려오니 어떤 장로님이 다가와 말을 건넸다.

"목사님, 목사님이 하신 말씀처럼 꼭 그런 상황에 놓였던 사람이 있습니다. 한 번 만나보시죠."

그래서 알게 된 분이 포항 D횟집 사장님이었다. 이분은 본래 어업을 했는데, 앞뒤좌우로 막막해서 절망에 빠질 만큼 일이 안 풀렸다고 했다. 예수님을 믿었지만 신앙생활도 힘들었다. 20-30명이 모이는 시골 미자립 교회에 다녔는데, 교회 생활도 신통치 않았다. 포항 앞바다에 그물을 놓아 고기를 잡아 생활했는데 그것도 쉽지 않았다. 그때까지 빚진 액수가 자그마치 4억 6천만 원이었다. 게다가 건강도 회복되기 힘들 정도로 망가지고 말았다.

더 이상 자신의 힘으로 할 수 있는 것이 아무것도 없다는 생각이 들었다. 느끼는 것은 절망뿐이었다. 결국 어느 날 저녁, 주님께 완전히 항복하고 모든 것을 다 맡기기로 결심했다.

"주님, 알아서 하십시오."

그런데 놀랍게도 그날 저녁 정치망에 120센티미터짜리 방어가 5천 마리가 들어왔다. 정치망이라는 것은 25미터 정도로 아주 큰데, 끝이 삼각형 깔때기처럼 되어 있고 거기에는 1미터 정도의 구멍이 있어서 그 안으로 물고기가 들어가게 되어 있다. 그래서 한 번 들어가면 절대 못 나오는 것이 정치망이다. 1미터 정도의 구멍으로 초등학생 키만 한 120센티미터의 방어 5천 마리가 들어갔다면 시간이 얼마나 걸렸겠는가. 밤새도록 차례대로 줄을 서서 들어가도 힘들었을 것이다.

그렇게 잡은 방어를 다 팔고 나니 5억 2천만 원이 모였는데 먼저 십일조를 내고, 4억 6천만 원 빚을 갚고 나니 딱 맞아떨어지더라는 것이다. 그래서 그분이 또 기도를 했다고 한다.

"하나님, 제가 사업도 해야 되는데 도와주세요."

그랬더니 그 정치망에 밍크고래가 걸려서, 그것을 팔아 받은 7천만 원으로 지금 횟집을 열게 되었다는 것이다. 주위 사람들은 이 사건을 베드로의 기적이라고 평가하고 있다. 그래서 나는 그분에게 이런 질문을 했다.

"왜 이런 기적이 일어났다고 생각하십니까?"

"안 그래도 제가 하나님께 물어보았습니다. '주님, 왜 이런 기적을 제게 주십니까?' 그리고 곰곰이 생각해 보니 고난과 굴곡의 현장에서 하나님이 살아 계심을 깨닫게 하시려고 그물이 찢어질 정도의 은혜를 주신 것 같다는 생각이 들었습니다."

　주님께 모든 것을 맡길 때, 주님은 반드시 우리 삶에 놀랍게 역사해 주신다. 내 힘과 내 실력으로는 이 인생을 감당할 수 없다는 것을 인정하는 것, 환란 가운데서 우리 자신을 낮추고 하나님 앞에 엎드려 전적으로 의탁하며 도움을 간구하는 것은 결코 부끄러운 일이 아니다. 이런 기도를 주님께 올려 드릴 때 가브리엘 천사가 하나님의 칙령을 가져오는 영광을 누릴 수 있다. 찬양하는 기도와 의탁하는 기도로 찬란한 하나님의 영광의 주인공이 될 수 있는 것이다.

　어떤 아이의 엄마가 세계적으로 아름다운 소프라노 오페라 가수였다. 어느 날 휘황찬란한 밀라노의 라스칼라 음악당에서 독창회가 열렸다. 그 아이의 엄마는 너무나 멋지게 공연을 마치고 무대 인사를 하러 나올 때 자기 아이의 손을 잡고 나왔다. 청중들이 우레와 같은 박수를 치고 환호했다. 찬란한 조명과 거대한 박수소리와 영광의 환호는 엄마를 향한 것이었지만 아이는 온몸이 전율하는 감동을 받았다.
　그 아이는 박수갈채를 받을 만한 능력자가 아니었지만, 능력 있는 엄마의 손에 붙잡혀 있었기 때문에 사람들의 갈채를 받았다. 이것이 바로 창조주 하나님을 통해 그분의 자녀인 우리가 누리는 영광과 기쁨이다. 우리 아버지이신 하나님께서 영광과 찬양을 받으실 때 하나님의 자녀인 우리는 아버지의 손을 잡고 무대인사하는 어린아이처럼 온몸을 전율하며 영광과 기쁨을 누리게 된다.

우리는 비록 부족한 인생이지만 이 세상의 주권자 되시는 하나님의 손에 붙잡혀 있을 때 기도를 통해 거룩한 호가호위를 누리게 되고 상록수 신앙을 유지할 수 있다. 그러므로 기도의 끈을 놓아서는 안 된다. 우리가 기도의 끈을 놓치지 않을 때, 하나님은 우리의 현실 속에서 찬란한 영광을 체험할 수 있도록 만들어 주실 것이다.

❃ 하나님께 전적으로 의탁한 자의 기도

하나님 아버지, 환란 가운데서도 습관적이고 전적으로 의탁하는 기도 생활을 가르쳐 주셔서 감사합니다. 아무리 어려워도 인생의 창문을 열어놓고 하루에 세 번씩 부르짖을 수 있도록 도와주옵소서. 복잡하고 산만한 일상의 현장에서 저를 건져 주셔서 깊고 지속적인 찬양과 헌신의 기도를 드릴 수 있도록 도와주옵소서. 고난의 상황에 아직 그대로 놓여 있다 할지라도, 여전히 슬픔의 세월이 끝나지 않는다 할지라도 기도를 통해 도우시는 하나님을 경험하게 하옵소서. 내 목숨마저 걸고 전적으로 주님께 의탁합니다. 내게 닥친 최악의 상황에서 주님께 모든 것을 맡기는 최선의 선택을 하게 하옵소서. 온전히 의탁하게 하옵소서. 혼자서 모든 것을 다 잘할 수 있는 사람은 아무도 없습니다. 하나님께 전적으로 의탁함으로써 모자란 겸손과 능력과 용감함을 채우겠습니다. 부족한 인생이지만 이 세상의 주권자 되시는 하나님의 손에 붙잡혀 거룩한 호가호위를 누리는 상록수 신앙을 유지하겠습니다. 현실 속에서 하나님의 찬란한 영광을 체험하게 하옵소서. 예수님의 이름으로 기도합니다. 아멘.

14 저와 민족의 죄를 용서해 주옵소서
회개기도 (단 9:1-19)

기도로 시작된 루마니아의 민주화

1980년, 루마니아는 공산주의자 차우셰스쿠의 강한 독재정치 아래 신음하고 있었다. 견디다 못한 군중 20만 명이 부쿠레슈티 수도의 광장에 모여 민주항거를 시작했다. 정부에서는 군중들을 향해 무차별로 발포했다. 100여 명이 피를 흘리고 죽어갔다. 이 현장을 목도한 시민들이 격분해서 돌멩이를 들고 항거하기 시작했다. 한쪽에서는 총을 쏘고 한쪽에서는 돌멩이를 던지고 서로가 서로를 향해 달려드는 동족상잔의 비극이 일어나기 직전이었다.

그때 루마니아 시민들에게 존경받는 라스즐로 토케스(Laszlo Tokes)라는 목사님이 연단에 서게 되었다. 연단에 서서 토케스 목사님이 말씀했다.

"이 시간, 잠깐 살아 계신 하나님 앞에 기도드립시다."

그리고 주기도문을 시작했다. 그 순간 수많은 사람들이 광장에서 무릎을 꿇고 토케스 목사님과 함께 기도했다.

더 이상의 큰 유혈사건은 일어나지 않았고, 그 이후에 루마니아 민주화는 성공하여 차우셰스쿠 독재정권은 무너지고 말았다. 당시 루마니아에 있는 교회 중에는 공산당에게 빌붙어 협력하는 교회도 있었다. 토케스 목사님은 처음에 공산독재와 협력하는 교회에 부임했다. 휘장에 공산당 별이 그려진 교회였다니 당시 상황이 어땠는지 충분히 짐작할 수 있다. 목사님은 목자의 안타까운 심정으로 열심히 목회했다. 40명쯤 모이던 교회가 얼마 가지 않아서 5천 명으로 불어났다. 5천 명이 모이게 되자 정부에서 위기감을 느꼈는지 교회를 탄압하기 시작했고, 이것이 결국은 루마니아 민주화 항쟁의 시발이 되었다.

성난 군중의 마음에 기름을 붓고 폭력적인 시위를 확산시키는 지도자의 목소리가 아니라 그들의 마음을 하나로 모아서 비폭력적인 저항운동으로 돌려놓았던 토케스 목사님의 기도는 본받고 싶은 기도가 아닐 수 없다.

말씀은 기도를 이끈다

"곧 그 통치 원년에 나 다니엘이 책을 통해 여호와께서 말씀으로 선지자 예레미야에게 알려 주신 그 연수를 깨달았나니 곧 예루살렘의 황폐함이 칠십 년

만에 그치리라 하신 것이니라"(단 9:2).

다니엘은 책을 통해서 여호와께서 선지자 예레미야에게 알려 주신 연수를 깨달았다.

"여호와께서 이와 같이 말씀하시니라 바벨론에서 칠십 년이 차면 내가 너희를 돌보고 나의 선한 말을 너희에게 성취하여 너희를 이곳으로 돌아오게 하리라"(렘 29:10).

예레미야를 통해 하나님이 하신 예언의 핵심은 '바벨론에서 70년이 차면, 내가 너희를 돌보고 나의 선한 말을 이루겠다'는 것이다.

'7'과 '10'은 성경에서는 회복을 상징하는 숫자다. 그러므로 70년이 되면 포로의 시기가 끝나고 이스라엘 백성들이 예루살렘으로 돌아가 회복된다는 예언인 것이다. 놀랍게도 이것을 다니엘이 깨달은 것이었다.

다니엘이 이 예언을 깨달았을 때는 그가 포로가 된 지 66-67년쯤 되었을 때라고 추측할 수 있다. 그러니 이제 3-4년만 있으면 자신의 포로생활이 끝나고 이스라엘 백성의 포로생활도 끝난다고 생각한 다니엘이 얼마나 기뻤겠는가. 사실 역사적으로도 3-4년 뒤인 B.C. 537년쯤에 고레스 왕의 자유칙령에 따라 이스라엘 백성들의 포로생활이 끝나게 된다.

만약 내가 다니엘이었다면, 나는 기고만장해졌을 것이다. '이제 고생 끝 행복 시작이다. 나한테 못되게 굴었던 놈들, 지긋지긋한 타지 생활도 이제 끝이다' 하면서 마음의 고삐를 풀었을지도 모른다. 그런데 다니엘은 그렇게 하지 않았다.

"내가 금식하며 베옷을 입고 재를 덮어쓰고 주 하나님께 기도하며 간구하기를 결심하고 내 하나님 여호와께 기도하며 자복하여 이르기를 크시고 두려워할 주 하나님, 주를 사랑하고 주의 계명을 지키는 자를 위하여 언약을 지키시고 그에게 인자를 베푸시는 이시여"(단 9:3-4).

다니엘은 하나님의 은혜 속에서 하나님의 말씀을 깨달았지만, 오히려 재를 뒤집어쓰고 통회하고 자복하고 회개했다. 말씀의 깊이에 잠길수록 오히려 기도로 깊이 내려간 것이다.

다니엘은 우리에게 왜 하나님의 뜻을 알았는데도 기도해야 하는지 분명히 알려 준다. 하나님의 뜻은 하나님의 시간표에 맞게 정확히 이루어지겠지만, 그럼에도 우리가 기도해야 하는 까닭은 하나님은 반드시 기도하는 사람을 통해 그 뜻을 이루어 가시기 때문이다. 다니엘이 하나님의 말씀을 깨닫자 기도하지 않고는 견딜 수 없었던 것처럼, 하나님의 말씀을 제대로 깨달았다면 그 말씀은 반드시 우리의 마음을 뒤흔들어 기도하게 한다.

오늘날 잘못된 예정주의자들이 있다. "하나님이 이렇게 예정하셨으면 하나님이 이루실 것이다" 하고 뒷짐 지고 느긋하게 살아가는 사람들이다. 하지만 뒷짐 지고 하나님이 행하실 일을 지켜보겠다는 것은 신앙인의 올바른 태도라고 볼 수 없다. 요한 캘빈은 이렇게 말했다.

"신실한 성도는 결코 하나님의 약속을 수동적으로 받아들이거나 느릿느릿 뒤쳐져서 따라가지 않는다. '하나님이 약속하신 것이면 지키실 테니까' 하고 하품하면서 느긋하게 걸어가는 사람을 성도라고 부르지 않는다. 오히려 하나님의 약속을 제대로 믿는 성도는 반드시 기도한다. 참된 믿음의 기도는 하나님의 약속이 이루어지는 것을 믿는 것이다. 그 어떤 것도 하나님께서 약속하신 것이 이루어지도록 기도하는 것보다 더 귀한 일은 없다."

우리 시대에는 말씀이 넘쳐난다. 주일설교는 물론, 인터넷과 텔레비전을 통해 원한다면 언제든 설교를 들을 수 있고, 큐티나 제자훈련, 성경공부를 통해서 언제든 말씀을 배울 수 있다. 하지만 말씀을 듣기만 좋아하고 기도하지 않는다면 그 영은 어떤 면에서는 죽은 시체와도 같다. 기도는 영의 호흡이기 때문이다. 기도를 해야 말씀이 비로소 내 것이 된다. 아무리 하나님의 약속의 말씀을 안다고 해도, 내가 기도하지 않으면 하나님께서는 움직이지 않으신다.

하나님의 백성들이 기도할 때 하나님께서 행하기 시작하신다는 것을 잊어서는 안 된다. 하나님은 한 번도 약속을 어기신 적이 없다. 그런데 기도 응답이 없다면, 우리가 올바른 기도로 반응하지 않았기 때문에 그런 것이다. '그저 하나님이 약속하신 것이니 이루어지겠구나' 하고 느긋하게 있으면 아무 일도 일어나지 않는다.

위대한 하나님의 종들은 하나님의 말씀을 깨달았을 뿐만 아니라, 그 말씀에 걸맞게 기도로 반응했다. 그리스도인은 주님의 말씀에 기도로 반응하는 이들이라 해도 과언이 아니다. 그리스도인이 이 땅에 살면서

해야 할 단 한 가지는 주님의 말씀을 듣고 기도하는 일이다.

그리스도인은 영적 전쟁의 전선에 투입되어 있는 하나님의 사람들이다. 영적 전쟁에 나가기 위해서는 꼭 갖추어야 할 장비들이 많다. 진리의 허리띠, 복음의 신발, 의의 흉배, 믿음의 방패, 성령의 검(엡 6:13-17) 등으로 전신 갑주를 취해야 하는 것이다.

그런데 이 많은 장비가 아무리 잘 준비되었다 할지라도, 하나를 갖추지 않으면 이것들은 쓸모없는 장비가 되고 만다. 바로 그것은 기도이다.

"모든 기도와 간구를 하되 항상 성령 안에서 기도하고 이를 위하여 깨어 구하기를 항상 힘쓰며 여러 성도를 위하여 구하라"(엡 6:18).

많은 영적 전쟁을 위한 장비가 주어지더라도, 기도를 통해 마지막으로 무장되지 않으면, 실제적으로 하나님의 뜻이 펼쳐지지 않는다는 것이다.

기도를 하는 가장 좋은 방법은, 말씀으로 기도하는 것이다. 1919년 3월 평안도 지역에 어떤 전단이 뿌려졌는데, 그것은 '독립단 통고문'이라는 것이었다. 거기에는 이런 내용이 담겨 있었다.

존경하는 고귀한 독립단 여러분들이여, 어떤 일이든지 일본인을 모욕하지 말고, 돌을 던지지 말고, 주먹으로 때리지 말라. 이는 독립 정신을 손상할 뿐이다. 대신에 우리 성도들은 매일 세 번 기도하되 주일에는 금식하며 기도하고, 매일 성경을 읽고 그 성경을 가지고 기도하라. 월요일은 이사야 10장, 화요일은 예레미야 12장, 수요일은 신명기 28장, 목요일은 야고보서 5장, 금요일은 이사야 59장, 토요일은 로마서 8장을 돌아가며 읽으면서 그 말씀을 가지고 기도하라.

이들은 아마 성도들로 이루어진 독립단이었던 것 같다. 이 말씀들을 찾아보니 하나님의 약속의 말씀들이었다.

월요일의 이사야 10장은 하나님의 백성을 억압하는 자에게 진노하신 하나님의 모습이 나온다. 하나님의 백성에게 포악하게 할 때 하나님은 진노하시므로 하나님이 주실 은혜를 기대하며 기도하라는 것이다.

화요일의 예레미야 12장은 하나님은 악한 자의 형통을 기뻐하지 않으시니 하나님 앞에서 불평하지 말고 하나님의 백성을 회복시키실 것을 믿으라는 내용이다.

수요일의 신명기 28장은 하나님은 그분의 백성들이 순종할 때 축복하신다는 것이다. 세계 모든 민족에게 하나님이 축복해 주실 것이다. 그것을 믿고 일제의 압박 가운데서 고민하지 말고 하나님께 순종하는 데 더 관심을 기울이고 기도하라는 것이다.

목요일의 야고보서 5장은 고난 중에도 인내하며 소망을 가질 것을 말하고 있다.

금요일의 이사야 59장은 구원은 하나님의 손아래 있다는 것들을 기억하며 기도하라는 것이다. 우리 민족이 죄를 떠나면 하나님이 구원하실 것이라는 내용이다.

토요일의 로마서 8장은 모든 것이 합력하여 선을 이루시는 하나님 앞에 끝까지 낙심하지 말고 하나님이 이루실 승리를 믿고 기도하라는 것이다.

우리 믿음의 조상들은 말씀을 가지고 기도하는 것이 얼마나 능력인지를 알았던 것 같다. 우리 믿음의 조상들이 이렇게 영적 지혜가 있었기 때문에, 우리 민족이 믿음을 지켜올 수 있었다.

약속의 말씀을 듣고 안다는 것에 만족하지 말라. 귓등으로 흘려버리지 말라. 뒷짐 지고 서 있지 말라. 말씀으로 기도하라. 내 것으로 삼으라. 하나님이 그때부터 이루실 것이다.

기도의 시작이 기도의 응답이다

다니엘의 기도에서 우리가 본받아야 할 것이 또 하나 있다. 다니엘은 기도할 때 민족의 죄악을 고발하는 것이 아니라, 그 민족이 지은 죄를 자기가 지었다고 생각하고 회개했다.

"우리는 이미 범죄하여 패역하며 행악하며 반역하여 주의 법도와 규례를 떠났사오며"(단 9:5).

다니엘은 죄를 지었다는 말을 '범죄하다', '행악하다', '반역하다', '주의 법도와 교리를 떠났다' 등 여러 가지로 표현했다. 민족의 죄에 대해 가슴 아파하면서 자신이 죄를 지은 것처럼 "주님, 제가 죄를 지었습니다. 제가 부패했습니다. 제가 행악자입니다. 제가 주님 앞에서 부끄러운 사람입니다"라고 고백하고 있는 것이다.

다니엘처럼 깨끗한 사람이 어디 있는가. 성경에 많은 위대한 인물들이 기록되어 있지만, 다니엘처럼 흠결 없고 깨끗한 사람은 찾아보기 힘들다. 자신만을 위해서라면 다니엘은 그렇게 절절하게 회개할 필요가 없었다. 그런데도 하나님은 그동안 깨끗하게 살아왔던 다니엘에게 민족을 향한 절절한 기도의 짐을 맡기셨다. 그런 그가 자신이 죄를 지었다고 회개하고 있는 것이다.

본래 이스라엘 백성들은 유목민이었다. 하나님에게만 마음이 가 있도록 하나님께서 그들을 유목민으로 만드셨다. 그런데 바벨론에 정착하게 되면서 그 특유의 민족성을 발휘하여 상업적으로 이익을 많이 거두어 배불리 살게 되었다. 바벨론의 타락한 문화에 동화된 동족들을 보면서 다니엘은 마음에 상처를 받았을 것이다. 그런데도 그 백성들을 질타하지 않고, 민족의 죄를 자기가 짊어졌다.

하나님이 귀히 보시는 사람은 다른 사람이나 민족의 죄를 낱낱이 지적하고 분석해서 리포트해 주는 똑똑한 사람이 아니다. 내 민족이 어떤 죄를 지었든 그 죄 짐을 함께 지고 하나님께 긍휼을 구하는 사람을 귀히 보신다.

그래서 민족의 죄를 고발하지 않고 대신 짊어지고 가는 사람에게는 하나님께서 반드시 기도의 짐을 주신다. 다니엘처럼 시대 속에서 하나님께 쓰임 받으려고 할 때, 하나님은 반드시 그에게 시대와 민족을 향한 기도의 짐을 맡기신다. 하나님께서 우리에게 무언가를 위해 기도의 짐을 지우실 때, 이미 하나님은 기도를 응답하기 시작하셨다는 것이다.

기도의 짐은 우리가 갖고 있는 각 사람의 걱정과는 다르다. 각 사람의 걱정은 그가 처한 환경 때문에 요동해서 내 중심에서 시작되는 것이다. 그러나 하나님이 주시는 기도의 짐은 하나님의 중심에서 비롯된다.

일제 시대에 순결무구한 시를 남기고 젊은 시절에 요절한 윤동주의 시를 읽으면서 그가 정말 민족을 향해 기도했던 사람임을 알게 되었다. 지금도 만주 용정에는 윤동주가 다녔던 학교가 있다. 윤동주는 기독교 집안에서 태어났다. 어려서 유아세례를 받았고, 만주 용정에서 주일학교 교사까지 했던 그리스도인이었다.

그가 독립운동을 하다가 감옥에 투옥되었을 때, 그는 성경을 넣어 달라고 했다. 불운한 시대에 그가 남긴 주옥같은 시가 많지만, 그 가운데 "십자가"라는 시가 있다.

괴로웠던 사나이,

행복한 예수 그리스도에게

처럼

십자가가 허락된다면

모가지를 드리우고

꽃처럼 피어나는 피를

어두워 가는 하늘 밑에

조용히 흘리겠습니다.

겨레의 짐이 무엇이든 간에 하나님이 자기에게 지우셨다면, 기꺼이 지겠다는 마음을 표현한 것이다. 마치 주님처럼 시대 앞에 자기를 희생하겠다는 이 마음은, 과연 누구의 중심에서 비롯되었겠는가. 내가 영웅 투사가 되려고 내 중심에서 이런 기도를 할 수는 없을 것이다.

내가 미국에서 사역을 시작할 때, 우리 민족을 향해 기도해야겠다는 마음의 부담을 갖게 되었다. 수천 년 동안 내려온 민족종교를 백 년 만에 복음으로 바꾼 우리나라, 이 신앙을 다음 세대에게 반드시 물려줘야 한다는 마음이 들었던 것이다. 이제 잘 먹고 잘 살게 되었다고 안도하는 데서 그치는 것이 아니라 민족을 위해, 다음 세대를 위해 중보하는 세대가 되어야 한다는 생각이 들었다.

그래서 100여 가지 기도제목을 만들고 함께 기도하자고 성도들에게 제안했다. 그중 여든이 넘으신 권사님 한 분이 2년 동안 이 기도문으로 7천 번을 기도하셨다. 기도제목을 한 번씩 읽기만 해도 25-30분이 걸리는데, 이만큼 기도하셨다는 것은 하루에 7-8시간씩 기도하셨다는 의미가 된다. 그 권사님께 얼마나 감사했는지 모른다.

이렇게 기도하는 어른들이 계셨기 때문에, 그곳에서 교회를 건축하는 동안 하나님이 모든 문제를 말끔하게 해결해 주셨다. 그것이 너무 감사해서 교회 건물이 완공되었을 때, 입구 벽에 이런 표어를 내걸었다.

"기도하는 한 사람이 기도 없는 한 민족보다 강하다."

이것은 사실이다. 기도의 짐을 지고 주님 앞에 무릎 꿇는 한 사람이 있다면, 기도 없이 떵떵거리는 한 민족의 역사보다 더 강할 수 있다. 권사님은 이제 아흔이 넘으셨는데, 지금도 가끔 내게 교회와 목사님과 한국을 위해 기도하고 있다고 편지를 보내신다.

하나님께서 오늘 내게 어떤 기도의 짐을 맡기셨는가. 기도할 것이 없다고 말하지 말라. 교회 중보기도실에 가보라. 기도제목이 넘쳐난다. 중보기도제목을 읽다 보면 몇 줄 적혀 있지 않지만 가슴 아픈 기도제목이 있다. 각 선교단체의 인터넷 홈페이지에 들어가 보라. 기도제목이 차고 넘친다. 텔레비전 뉴스와 신문기사를 보라. 그 속에 믿는 자들이 반드시 중보기도 해주어야 할 아픔이 있다.

기도의 짐을 지는 것은 영적인 황금 트라이앵글, 즉 거룩한 삼각관계를 형성한다. 기도의 짐을 지는 자와 기도의 대상이 되는 자, 그리고 하나님과의 관계가 그것이다. 기도의 짐은 궁극적으로 하나님께로부터 온다는 사실을 기억하라.

기도의 짐이 너무 무거울 때가 있다. 그러나 우리가 기도의 짐을 질 때 그 짐은 이미 하나님께서 역사하고 계신다는 징후이자 기도 응답의 시작이라는 사실을 잊지 말아야 한다. 하나님께서 우리에게 무엇인가를 놓고 기도하도록 기도의 짐을 지우실 때, 이미 하나님께서 그 기도에 응답하기 시작하셨다는 것을 기억하라. 기도의 짐은 특별한 문제에 대한 하나님의 돌보심의 약속이다. 그분은 우리에게 기도의 짐을 주심으로써 믿음을 성장시킬 기회를 주신다. 하나님이 기도하라는 마음을 주실 때,

하나님이 기도의 짐을 맡겨 주실 때 기도로 반응하라. 그럴 때 개인의 문제도 하나님이 다 해결해 주시는 것을 경험하게 될 것이다. 이것을 믿는 것이 믿음의 눈이다.

> "그러하온즉 우리 하나님이여 지금 주의 종의 기도와 간구를 들으시고 주를 위하여 주의 얼굴 빛을 주의 황폐한 성소에 비추시옵소서"(단 9:17).

이러한 다니엘의 중보기도는 나중에 그가 생각한 것보다 훨씬 더 놀라운 응답으로 나타났다. 예루살렘 성전이 회복되기 시작했을 뿐만 아니라 오늘날에는 성령의 역사를 통해 세계 곳곳에 하나님의 교회들이 세워지게 되었으니 말이다. 지금도 다니엘의 기도의 본을 따르기 원하는 하나님의 백성들의 간절한 기도로 하나님의 빛이 펼쳐지고, 많은 사람들이 예수 그리스도의 재림을 기다리고 있다.

🕮 민족의 짐을 짊어진 자의 기도

주님, 기도하는 한 사람이 기도 없는 한 민족보다 강함을 깨닫게 하시니 감사합니다. 하나님의 뜻을 깨달을수록 더욱 기도에 매달리게 하옵소서. 하나님의 뜻은 이루어지지만 기도하는 자를 통해 이루심을 알게 하옵소서. 하나님의 말씀이 우리로 하여금 기도하게 함을 압니다. 그러나 우리는 그저 듣기만 좋아하고 기도하지 않을 때가 있습니다. 제가 듣기만 하고 기도하지 않는 죽은 시체와 같은 믿음이 되지 않게 도와주옵소서. 영의 호흡을 멈추지 않게 하옵소서. 제가 기도함으로 하나님께서 움직이는 기적을 경험하게 하옵소서. 하나님의 말씀을 깨닫고 거기에 기도로 반응할 수 있도록 영적인 민감함을 허락해 주옵소서. 말씀을 알기만 하고 기도하지 않는 자가 되지 않겠습니다. 말씀으로 기도하겠습니다. 하나님의 일하심에 쓰임 받겠습니다. 민족을 향한 기도의 짐을 지겠습니다. 그리하여 하나님의 긍휼하심을 경험하게 도와주옵소서. 예수님의 이름으로 기도합니다. 아멘.

15 참되신 주님의 역사를 이루어 주옵소서
세 이레 기도 (단 10:1-21)

가끔 보면 이런 점을 궁금해 하는 분들이 있다.

"도대체 하나님은 어떤 분이시기에, 세상의 많은 사람들이 수억 가지의 기도제목을 가지고 주님 앞에 기도하는데 그것을 다 들으실까?"

하나님은 우리가 상상하던 것보다 훨씬 더 크고 놀라우신 분이시다. 우리가 인정하는 것보다 훨씬 더 놀라운 일들에 통달하시고, 우리가 아는 것보다 훨씬 더 광대하게 임재하셔서 우리를 붙잡으시고 인도하신다. "그가 별들의 수효를 세시고 그것들을 다 이름대로 부르시는도다"(시 147:4). 우주에는 천억 개의 은하계가 있고, 한 은하계는 천억 개의 별을 가지고 있다는데, 하나님은 그 별들의 수효를 다 아시고 이름까지 아신다는 것이다. 하나님의 광대하심은 우리의 눈으로는 헤아릴 수 없다.

세 이레 기도

"바사 왕 고레스 제삼년에 한 일이 벨드사살이라 이름한 다니엘에게 나타났는데 그 일이 참되니 곧 큰 전쟁에 관한 것이라 다니엘이 그 일을 분명히 알았고 그 환상을 깨달으니라"(단 10:1).

바사 왕 고레스 삼 년은 B.C. 536년쯤 된다. 성경학자들이 말하기를 이때 다니엘의 나이는 84-85세쯤 되었을 것이라고 추정하고 있다.

"그때에 나 다니엘이 세 이레 동안을 슬퍼하며 세 이레가 차기까지 좋은 떡을 먹지 아니하며 고기와 포도주를 입에 대지 아니하며 또 기름을 바르지 아니하니라"(단 10:2-3).

여든이 넘은 나이에 21일 동안 하나님 앞에 금식했다는 것이다. 또한 당시 중동의 사막 기후에서 목욕 후에 몸이 트지 않도록 기름을 바르는 것으로 미루어볼 때, '기름을 바르지 않았다'는 말은 기도하는 동안에는 목욕하지 않았다는 의미가 된다.

왜 다니엘이 이렇게 간절히 기도했는가?

첫째, 성전 건축이 중단되었다는 소식을 들었기 때문일 것이다.

성경학자들은 그 몇 년 전부터 에스라를 비롯한 이스라엘 백성 4-5만 명이 다시 예루살렘으로 귀환했을 것이라고 보고 있다. 포로에서 귀

환한 사람들이 예루살렘에서 예루살렘 성전을 중건하고 건축하기 시작했다. 성전을 건축하는 것은 좋은데 사마리아 사람들과 같은 여러 사람들이 대규모로 방해공작을 펴서 성전 건축이 중단되었다. 다니엘은 페르시아 전체를 관리하는 최고 관리였기 때문에, 이 모든 소식을 빨리 전해들을 수 있었을 것이다. 예루살렘으로 돌아가서 성전을 짓는다고 고생했는데, 성전마저 제대로 짓지 못하는 상황이 되었다는 말을 들으니 마음이 너무 아파 기도하게 된 것이다.

둘째, 이스라엘 백성들의 타락한 모습 때문이다.

당시 바벨론 지역의 페르시아에서 살던 많은 유대민족들은 본래 유목민이었다. 하나님만 따르며 섬기도록 일부러 유목민으로 만드신 것이다. 그런데 이들이 포로로 끌려와 페르시아에서 정착민이 되고 보니, 삶의 형태가 바뀌어 경제적으로 상당한 부를 모으게 되었다. 부를 모으는 것은 좋지만, 자신들도 모르게 바벨론이나 페르시아의 타락한 문화에 동화되기 시작했다. 동족이 타락하는 모습을 보면서, 다니엘의 마음속에는 슬픔과 탄식의 기도를 주님 앞에 드리지 않을 수 없었다. 세 이레 동안 금식하며 슬퍼하고 목욕도 하지 않고 간절히 기도의 무릎을 꿇었다.

놀라운 환상

"그때에 내가 눈을 들어 바라본즉 한 사람이 세마포 옷을 입었고 허리에는 우바스 순금 띠를 띠었더라 또 그의 몸은 황옥 같고 그의 얼굴은 번갯빛 같고 그의 눈은 횃불 같고 그의 팔과 발은 빛난 놋과 같고 그의 말소리는 무리의 소리와 같더라"(단 10:5-6).

다니엘이 그렇게 기도할 때 놀라운 일이 벌어졌다. 세마포 옷을 입고 순금 띠를 띠고, 얼굴은 번갯빛 같고, 팔과 발은 빛난 놋과 같고, 말소리는 무리의 소리와 같은 분이 갑자기 등장한 것이다. 이분이 누구인가? 바로 예수님이시다.

다니엘보다 몇백 년 후에 살았던 사도 요한, 밧모 섬에서 포로로 잡혀 있던 그에게도 예수님이 갑자기 나타나셨다.

"촛대 사이에 인자 같은 이가 발에 끌리는 옷을 입고 가슴에 금띠를 띠고 그의 머리와 털의 희기가 흰 양털 같고 눈 같으며 그의 눈은 불꽃같고 그의 발은 풀무불에 단련한 빛난 주석 같고 그의 음성은 많은 물소리와 같으며"(계 1:13-15).

밧모 섬에 있는 사도 요한에게나 힛데겔 강가 즉, 지금 이라크의 티그리스 강에 있는 다니엘에게나 그 심령이 진실될 때 우리 주님이 동일한 모습으로 나타나신 것을 알 수 있다.

주님은 왜 기도 중에 나타나셨는가? 주님이 왜 역사에 개입하시는가? 그것은 두 가지 이유에서다.

먼저 특별한 시기에 주의 종들에게 말씀하실 때 이렇게 나타나신다. 또 역사에 쓰임 받을 하나님의 사람들을 잘 준비시키고 훈련시키기 위해 때때로 이런 모습으로 갑자기 나타나신다.

구약의 아브라함을 훈련시키기 위해 우리 주님은 여행자의 모습으로 나타나셨다. 모사꾼 야곱을 만나 주실 때는 씨름하는 분으로 나타나셨다. 가나안 정복을 앞에 놓고 두려워하는 여호수아에게는 여호와의 군대 대장의 모습으로 나타나셨다(수 5장). 이사야가 간절히 기도할 때에는 보좌에 앉으신 영광스런 왕의 모습으로 나타나셨다. 이처럼 하나님을 간절히 찾고 찾는 자에게 하나님은 반드시 나타나신다.

기도가 왜 중요한가? 하나님을 신뢰하는 것이기 때문에 중요하다. 오늘날 자유주의자들은 하나님께서 이 세계를 창조는 하셨지만 그저 바라만 보고 계신다고 생각한다. 그들에게 신앙은 단지 우리 속에 있는 아름다움과 인격을 고양시키는 것일 뿐, 하나님이 주권자로서 우리의 삶에 개입하신다고는 생각하지 않는다.

하지만 마틴 로이드 존스 목사님은 이렇게 말했다.

"우리가 기도하면 우리의 삶을 뚫고 하나님이 들어오신다. 기도는 무질서한 우리의 삶을 바로잡기 위해 하나님이 계획하시는 은총의 통로다."

흔히들 지성인들이라고 하면서 역사에 개입하시는 하나님을 부정하는 사람들이 많다. 하지만 성경에는 하나님이 역사에 개입하실 때 어떤 놀라운 일이 벌어지는지를 기록해 놓고 있다.

페르시아의 황제 아하수에로 왕이 평소에는 잠을 잘 자다가 어느 날 갑자기 잠을 이루지 못했다. 그래서 페르시아 왕조실록을 읽게 되었다. 그러다가 그가 암살당할 뻔한 적이 있었는데 그 암살을 막아준 사람이 모르드개라는 사실을 알게 되었다. 왕이 그 모르드개가 누구인지를 알아보는 데서부터 놀라운 역사의 반전이 일어난다.

그날까지도 하만이라는 못된 장군이 에스더와 모르드개를 비롯한 모든 유대인을 잡아 죽이려는 음모를 왕에게 결재 받아 놓았다. 유대민족들은 금식하고 기도하며 죽으면 죽으리라고 생각하고 있었다. 그런데 마음을 다해 주님 앞에 나아가자 하나님께서 역사에 개입하셔서 황제가 밤에 잠을 자지 못하도록 만들어 주신 것이다. 결국 모르드개는 왕의 은총을 받았고 대신 하만이 처참히 죽임을 당했다.

졸지도 주무시지도 않는 우리 하나님은 이 순간에도 우리의 기도를 들으시고 응답하시고 우리의 역사에 개입하시기 위해 일하고 계신다.

"그가 내게 이르되 다니엘아 두려워하지 말라 네가 깨달으려 하여 네 하나님 앞에 스스로 겸비하게 하기로 결심하던 첫날부터 네 말이 응답 받았으므로 내가 네 말로 말미암아 왔느니라"(단 10:12).

하나님은 가브리엘 천사를 보내 다니엘의 기도에 응답해 주셨다. 가브리엘 천사는 "네가 하나님 앞에 스스로 겸비하게 하기로 결심하던 첫날부터 네 말이 응답받았다"고 말한다. 하나님은 역사에 개입하시기도 하지만, 기도할 때 즉시 응답하신다.

응답하시는 하나님이란 말은 하나님의 뜻과 계획에 우리를 참여시켜 주신다는 것이다. 기도는 이 땅에서 우리가 하나님의 위대한 뜻에 참여하도록 만들어 준다. 하나님은 지금도 이 은혜에 대한 영안이 열려 하나님의 기도에 동참하는 사람들을 통해 주님의 일을 이루어 가신다.

> "그런데 바사 왕국의 군주가 이십일 일 동안 나를 막았으므로 내가 거기 바사 왕국의 왕들과 함께 머물러 있더니 가장 높은 군주 중 하나인 미가엘이 와서 나를 도와 주므로"(단 10:13).

이 말씀은 성경 말씀 중에서 가장 놀랍고 영향력이 크다. 하나님께서는 악한 영계의 문제가 무엇인지, 악한 천사의 궤계가 무엇인지 파악할 수 있는 길을 이 말씀을 통해 열어 주셨다. 기도 응답이 바로 되어야 하는데, 21일 동안 연기된 이유는 바사 왕국의 군주가 이십일 일 동안 가브리엘 천사를 막았기 때문이다.

이처럼 하나님의 응답을 막아서는 악한 영이 분명히 존재하기 때문에 바울은 이렇게 권면했다.

> "우리의 씨름은 혈과 육을 상대하는 것이 아니요 통치자들과 권세들과 이 어둠의 세상 주관자들과 하늘에 있는 악의 영들을 상대함이라"(엡 6:12).

천사장이었으나 하나님과 대적하고자 했다가 타락한 루시퍼와 그 졸개들과 귀신들과 사탄의 세력들이 있는 것이다.

"군주"라는 말은 '영의 세계'를 뜻한다. 좋은 영도 있고, 악한 영도 있는데 신학자들은 '바사국의 군주'가 그 지역을 다스리는 악한 영적 존재를 뜻한다고 풀이한다. 이것을 볼 때, 악한 영적 존재가 지역을 장악하고 있다는 것을 알 수 있다.

다시 시작하는 영적 권능

인간의 상식으로는 이해할 수 없는 처참하고 끔찍한 일이 일어나는 것은 사실 그 지역을 장악하고 있는 악한 영의 소행이라고 봐도 무리가 아니다.

지금 아프리카 수단의 다르푸르 지역에서는 아랍계가 순혈을 주입한다고 인종청소를 시작하여 수십만 명이 학살당했다. 정상적인 사람의 세계에서는 일어날 수 없는 일이다. 악한 영의 세계가 수단의 군주가 되어 수단에 살고 있는 영혼들을 괴롭히는 것이다. 시에라리온 같은 지역에서는 수십만 명의 민란이 일어나 서로 죽이고 있고, 아프리카 중서부 34개국에는 전체 인구의 4분의 1이 에이즈 양성 보균자임이 판명되는 끔찍한 일이 벌어졌다. 미국의 샌프란시스코에서는 동성애 부부를 합법적으로 허용해 현대판 소돔과 고모라로 불리고 있다.

우리는 이 모든 끔찍한 사건의 참혹한 결과를 보고 죄인을 탓할 것이 아니라, 그 뒤에 있는 악한 영의 세력을 꿰뚫어 보아야 한다.

미국의 복음주의 교회 중 강력한 교단의 하나인 남침례교단이 라스베이거스 정화 운동에 나선 적이 있다. 남침례교 목사님들이 모여서 라스베이거스가 도박과 마약과 타락의 온상지가 되면 안 되겠다, 악한 영의 세계를 방치하면 안 되겠다고 생각했다. 그래서 1년에 한 번씩 있는 총회를 라스베이거스에서 열기로 했고, 그 총회에 대표자만 참석하는 것이 아니라 남침례교단에 속한 목사님들 4만여 명이 다 모이기로 했다. 한 주간을 정해서 약 4만 명의 목사님들이 라스베이거스에 모여 집회를 열고, 총회를 하고, 라스베이거스를 위해서 기도했다.

그런데 얼마 있지 않아 음란과 타락의 진원지였던 라스베이거스가 가족 중심의 테마파크로 바뀌게 되었다. 이것은 영적 세계의 보이지 않는 전투이다.

> "인자와 같은 이가 있어 내 입술을 만진지라 내가 곧 입을 열어 내 앞에 서 있는 자에게 말하여 이르되 내 주여 이 환상으로 말미암아 근심이 내게 더하므로 내가 힘이 없어졌나이다"(단 10:16).

절박한 심정으로 주님 앞에 무릎 꿇고 기도하면 에너지가 다 소진된다. 그래서 강원도 예수원에서는 기도가 노동이라고 했다. 기도는 정말 노동이다. 결코 쉬운 것이 아니다.

> "그런즉 사망은 우리 안에서 역사하고 생명은 너희 안에서 역사하느니라"(고후 4:12).

우리가 무릎 꿇고 진액을 쏟으며 눈물의 기도를 올릴 때 기도를 받는 사람은 생명의 역사로 나아가게 된다. 하나님이 우리의 죽을 것 같은 기도제목을 생명의 역사로 바꿔 주시는 것이다.

이스라엘 백성들이 금송아지에게 절했을 때, 하나님은 너무 안타까워하시며 이스라엘 백성들을 멸하리라고 모세에게 공포하셨다. 모세는 그 말을 듣고 죽음에 다다르는 기도를 했다.

"하나님, 생명책에서 제 이름이 제거되어도 좋사오니 우리 민족을 살려주십시오."

이렇게 창자가 끊어지듯 기도하자 하나님께서는 마음을 돌이키시고, 이스라엘 백성들을 구원해 주셨다.

성 어거스틴의 어머니 모니카가 죽을 힘을 다해 기도했을 때도, 그 기도가 상달되어 어거스틴이 회개하고 돌아오는 생명의 역사가 나타났다.

"이르되 큰 은총을 받은 사람이여 두려워하지 말라 평안하라 강건하라 강건하라 그가 이같이 내게 말하매 내가 곧 힘이 나서 이르되 내 주께서 나를 강건하게 하셨사오니 말씀하옵소서"(단 10:19).

때로는 기도가 진액이 소모되고 노동처럼 힘들 때도 있지만, 하나님은 두려워하지 말라고 하시면서 우리의 영혼에 진정한 평안을 주신다. 또한 우리의 육신에 새 힘을 주시고 강건케 하신다. 이것이 기도의 깊은 경지이다.

작은 기도는 작은 권능을 가져온다. 많은 기도는 많은 권능을 가져온다. 깊은 기도는 깊은 기도의 권능을 체험할 수 있도록 만들어 주신다. 이런 은혜를 받으면 다시 시작할 수 있는 힘을 얻는다. 다시 시작할 수 있는 영적 권능을 얻게 되는 것이다.

✃ 진액을 쏟으며 금식하는 자의 기도

하나님 아버지,

다니엘이 여든이 넘은 나이에 21일 동안 금식하며 진액을 쏟아 기도한 것을 봅니다. 하나님 앞에 스스로 겸비한 자가 되고 하나님의 응답을 받는 자로 세워 주옵소서. 하나님의 뜻과 계획에 저를 참여시켜 주옵소서. 하나님께서 열어 주시는 영안을 통해 우리의 기도가 응답 받는 것을 보는 기쁨과 감격을 누리게 하옵소서. 때로는 기도가 진액을 쏟는 노동처럼 힘들 때도 있지만, 생명의 역사를 바라보며 더욱 전심으로 기도하게 하옵소서. 그리하여 영혼에 주시는 진정한 평안을 누리게 하옵소서. 저의 육신에 새 힘을 주시고 강건케 하시는 기도의 깊은 경지에 도달하게 도와주옵소서. 작은 기도는 작은 권능을 가져오지만 많은 기도는 많은 권능을 가져오고, 깊은 기도는 깊은 기도의 권능을 체험한다고 했습니다. 하나님, 제가 많이 기도하겠습니다. 깊은 기도를 하겠습니다. 저에게 은혜를 내려주셔서 다시 시작할 수 있는 영적 권능을 주옵소서. 예수님의 이름으로 기도합니다. 아멘.

16 마지막 그날까지 소명을 감당케 하소서
소명기도 (단 12:1-13)

다니엘의 마지막 장은 하나님의 백성들의 영광스런 구원과 마지막 때에 대한 권면과 우주적 승리를 해석함으로 다니엘서 전체의 신학적 절정을 보여 주고 있다.

> "너는 가서 마지막을 기다리라 이는 네가 평안히 쉬다가 끝날에는 네 몫을 누릴 것임이라"(단 12:13).

다니엘은 지금까지 고통의 시간을 지나왔다. 그러나 하나님께서 다니엘을 기억하시고 이 약속을 주셨다. 끝날에 부활의 몸으로 새 하늘과 새 땅을 다스리게 될 것이라는 약속이었다.

이 약속은 마지막 때를 사는 우리에게도 동일하게 주어졌다. 이와 같이 하나님께서 사랑하시는 자에게 예비해 주신 비밀스런 일들을 받아 누리려면 우리의 마음을 제대로 준비해야 한다. 이 책의 놀라운 내용과 앞으로 이루어질 계시가 우리를 더욱 강하게 하고 우리의 마음 문을 열어 마지막 그날까지 소명을 감당하며 살아갈 수 있도록 붙잡아 주리라 믿는다.

천사장 미가엘을 보내신 하나님

"그때에 네 민족을 호위하는 큰 군주 미가엘이 일어날 것이요 또 환난이 있으리니"(단 12:1).

천사장 미가엘은 신약성경에 세 번 나타나는데, 그 역할이 각각 특별하다.

첫 번째는 모세의 시체를 마귀에게서 보호한 일이다.
"천사장 미가엘이 모세의 시체에 관하여 마귀와 다투어 변론할 때에 감히 비방하는 판결을 내리지 못하고 다만 말하되 주께서 너를 꾸짖으시기를 원하노라 하였거늘"(유 1:9).

마귀는 왜 모세의 시체를 빼앗아 가려고 했는가? 모세는 구약 율법의 대표이자 하나님이 가장 귀하게 쓰신 사람 중 하나이다. 어떤 면에서 하나님의 사람들 가운데 대표자라 할 수 있다. 그런데 그 시체를 빼앗아가서 모세의 부활을 막아보려고 마귀가 세력을 부렸는데, 그것을 천사장 미가엘이 막았다는 것이다.

모세에게 천사장 미가엘을 보내 보호해 주신 것처럼, 하나님께서는 하나님의 사람 다니엘에게, 특별히 말씀을 가지고 앞장서서 주의 일을 감당하는 신실한 종들에게 천사장 미가엘을 보내셔서 보호하시는 것이다.

둘째, 천사장 미가엘이 하는 역할은 악한 영들의 세력을 포박하는 것이다.

"하늘에 전쟁이 있으니 미가엘과 그의 사자들이 용과 더불어 싸울새 용과 그의 사자들도 싸우나 이기지 못하여 다시 하늘에서 그들이 있을 곳을 얻지 못한지라 큰 용이 내쫓기니 옛 뱀 곧 마귀라고도 하고 사탄이라고도 하며 온 천하를 꾀는 자라 그가 땅으로 내쫓기니 그의 사자들도 그와 함께 내쫓기니라"(계 12:7-9).

천사장 미가엘의 역할은 옛 뱀 혹은 마귀, 사탄이라고 하는 악한 영의 세력을 포박하고 쫓아내고 패퇴시키는 것이다. 주님은 다시 오실 때까지 천사장 미가엘을 통해 악한 영을 포박하는 은혜를 베푸신다. 그리스도인이라면 악한 영을 포박하는 천사장 미가엘의 보호를 거부해서는 안 된다. 악한 영들이 장악하고 있는 점집에 간다든지, 아침 신문을 펴서 '오늘의 운세' 따위를 본다면, 악한 영과 싸우던 미가엘이 얼마나 기가 막히겠는가. 그리스도인이라면 천사장 미가엘이 나를 보호하기 위해 악한 영과 싸우고 있다는 것을 믿고, 악한 영의 세력을 대적할 줄 알아야 한다. 또 천사장이 나를 보호하는 것을 느끼지 못한다고 해도, 성령님이 우리를 보호해 주신다는 사실을 믿어야 한다.

셋째, 천사장 미가엘은 예수님이 재림하실 때 호위를 한다.

"주께서 호령과 천사장의 소리와 하나님의 나팔 소리로 친히 하늘로부터 강림하시리니 그리스도 안에서 죽은 자들이 먼저 일어나고"(살전 4:16).

이때 "천사장의 소리"는 천사장 미가엘의 소리를 뜻한다. 예수님이 2천 년 전에 이 땅에 육신으로 오신 것처럼, 천사장 미가엘의 호위를 받으면서 승리의 나팔소리와 함께 반드시 재림하신다는 것이다. 이것을 믿으라. 예수님의 초림이 확실한 것처럼, 예수 그리스도의 재림도 확고하다.

넷째, 천사장 미가엘의 소리가 있을 때 환난이 있다는 것이다. 이 환난은 지구가 생긴 이래 가장 큰 격변이다.

"이는 그때에 큰 환난이 있겠음이라 창세로부터 지금까지 이런 환난이 없었고 후에도 없으리라"(마 24:21).

감사한 것은, 큰 환난이 있겠지만 하나님의 생명책에 기록된 자들은 구원해 주시겠다는 것이다. 우리는 주님이 오실 때까지 천사장 미가엘의 사역을 기억하고, 생명책에 내 이름이 기록된 것을 감사해야 한다.

생명책에 이름이 기록된다는 것은

"땅의 티끌 가운데에서 자는 자 중에서 많은 사람이 깨어나 영생을 받는 자도 있겠고 수치를 당하여서 영원히 부끄러움을 당할 자도 있을 것이며"(단 12:2).

"땅의 티끌 가운데에서"라는 표현은 히브리 사람들의 독특한 어법이다. 땅의 티끌 가운데에서 자는 자 중에서 많은 사람이 깨어난다는 것은 죽은 자의 부활을 뜻한다. 아마 구약성경 가운데 죽은 자의 부활에 관해서 가장 명확하게 설명한 곳일 것이다.

깨어나는 데 두 방향이 있다. 하나는 영원한 생명을 받는 자고, 또 하나는 수치를 당하여서 영원히 부끄러움을 당할 자이다. 영원히 부끄러움을 당한다는 것은 지옥의 형벌을 뜻한다. 생명책에 이름이 기록된 사람은 영원한 생명을 얻을 것이요, 그렇지 않으면 영원한 부끄러움을 받을 것이다. 여기서 영원한 형벌은 무엇인가? 이 땅에 있는 모든 수치와 부끄러움과 누추함과 아픔과 상처와 좌절과 더러움과 고통을 더해 놓은 것보다 훨씬 더 큰 고통이 영원히 반복되는 것이다. 물론 천국은 이와는 정반대다.

이처럼 인생은 죽는다고 끝이 아니다. 이 세상에서 가장 큰 거짓말은 '죽으면 끝'이라는 말이다. 죽으면 끝이라고 생각하니까, 세상 사람들이 마음대로 사는 것이다.

주님이 다시 오실 때까지 죽음은 끝이 아니다. 육신의 죽음 이후에 영원한 세계가 시작된다. 하나는 영원한 생명을 얻고, 또 하나는 영원한 수치를 얻는다. 그것을 결정하는 것은 생명책에 이름이 기록되어 있는가 혹은, 아닌가이다.

이것은 지나친 단순화가 아니다. 지성인으로서 못할 말도 아니다. 지성으로 따지자면 하나님처럼 높은 지성이 어디 있겠는가. 하나님이 우리를 위해 하나님의 계획을 이렇게 단순화시켜 주신 것이다. 이것을 믿는 것이 신앙이다. 죽음과 부활, 영원한 생명과 영원한 수치의 문제는 이론이 아니라 실제다.

영원한 생명의 주인공이 되려면

영원한 생명의 주인공이 되려면 주님과의 인격적 교제가 필요하다. 예수 그리스도를 나의 생애와 구주로 영접한 인격적 관계가 형성되어야 하며, 주님을 인격적으로 영접한 은혜가 있어야 한다. 예수님을 인격적으로 영접했다는 것을 어떻게 아는가? 주님 앞에 소명을 받는 것이 있다면 주님을 인격적으로 만난 것이다.

예수님을 만나기 전에 사도 바울은 예수님 믿는 사람들을 잡아 죽이려고 살기등등했다. 살인면허장을 가지고 다메섹을 향하여 달려갈 때 주님이 그의 이름을 부르셨다. 그는 달리는 말 위에서 거꾸러졌다. 그가 너무 놀라서 "당신은 누구냐"고 물었다. 그때 예수님이 "나는 네가 핍박하는 예수다"라고 대답하셨다. 그 순간 바울이 깨어져 예수님을 주님으로 모시게 되었다. 바울은 "주여, 제가 무엇을 하리이까?" 하고 물었다.

주님과의 인격적 관계가 형성되면, 소명 받은 인생이 된다. 부름 받은 인생이 된다. 한 생애를 주님을 위해 한결같이 달려가도 전혀 아깝지 않은 인생이 되는 것이다.

소명 받은 자로, 영원한 생명책에 이름이 기록된 하나님 사람으로서의 당당함이 있을 때, 우리는 주님 오실 때까지 주님의 사람으로 우리의 삶을 펼쳐갈 수 있다.

천국에 가면 세 가지 놀랄 일이 있다고 한다. 그것은 천국에 꼭 오리라고 예상했던 사람들이 천국에 오지 못했다는 것과 예상 밖의 사람들이 와 있다는 것, 그리고 더 놀라운 사실은 우리 같은 사람이 천국에 와 있다는 사실이라고 한다.

누구든지 예수의 피로 씻음을 받은 후에는 의의 흰 옷을 입게 될 것이며 생명책에 기록되는 영생의 복을 누릴 것이다. 이것은 영광스러운 진리이다.

별과 같이 영원토록 빛나리

"지혜 있는 자는 궁창의 빛과 같이 빛날 것이요 많은 사람을 옳은 데로 돌아오게 한 자는 별과 같이 영원토록 빛나리라"(단 12:3).

너무나도 아름다운 구절이다. 환난과 시련의 인생길 가운데서도 하나님을 믿는 믿음을 저버리지 않는 사람들은 우리 주님이 하늘의 별과 같은 광채를 주신다는 것이다.

주님이 칭찬해 주시는 사람은 두 부류다.

하나는 지혜 있는 자다. '지혜 있는 자'라는 말을 히브리 어법으로 해석해 보면 하나님의 말씀을 나누는 교사다. 이런 역할을 하는 사람을 하나님은 지혜 있다 하시고 궁창에 빛과 같이 빛나게 해주신다.

또 하나는 많은 사람을 옳은 데로 돌아오게 한 자이다. 예수 그리스도의 주 되심을 다른 사람에게 선포하는 증거의 삶, 전도자의 삶을 사는 사람들이다. 말씀을 증거하는 증인의 역할을 잘 하면 별을 단 하나님 나라의 장군이 되도록 만들어 주신다는 것이다.

이 말씀을 예수님은 한 번 더 확인시켜 주셨다.

"그때에 의인들은 자기 아버지 나라에서 해와 같이 빛나리라 귀 있는 자는 들으라"(마 13:43).

모세가 호렙산에서 40주야를 하나님과 함께 교제하며 있다가 산에서 내려왔을 때, 그 얼굴에 영광스런 광채가 있었다. 너무나 강렬한 광채가 나니까 사람들이 감히 범접하지 못했다. 그 앞에 오지도 못했다. 나중에는 수건으로 얼굴을 가려야 할 정도로 강력한 광채가 났다. 하나님과 함께 있으면 이렇듯 얼굴에 빛이 난다.

교회가 어머니라는 사실을 기억하고, 따뜻한 품속을 가진 어머니처럼 하나님 말씀을 가지고 다른 영혼들을 양육하며 먹여 주는 것이야말로, 또 다른 영혼들을 향해 예수 그리스도가 내 생애의 구세주라고 고백하는 일이야말로, 하나님과 동행하는 삶의 흔적이라고 말할 수 있다.

그럴 때 주님이 우리의 삶을 하늘의 별과 같이, 궁창의 빛과 같이 빛나게 해주실 것이다.

소명에 충실하라

"다니엘아 마지막 때까지 이 말을 간수하고 이 글을 봉함하라 많은 사람이 빨리 왕래하며 지식이 더하리라"(단 12:4).

이 구절에 대해 신학자들 사이에서는 여러 해석이 있지만, 대표적인 해석은 이것이다. 이 글을 봉함하라는 것은 이제 예언은 그만하면 충분하다는 것이다. 지금까지 한 예언으로 알아들을 수 있으면 충분히 알아들을 수 있고, 하나님이 주실 충분한 말씀을 다 보여 주셨다는 것이다. 이제는 정리하라는 것이다. 이제 보여 줄 것은 다 보여 주었다고 하신다. 하나님이 다니엘을 통해 보여 주실 환상이 다 끝난 것이다. 마침내 주님의 일이 끝마쳐졌다.

"나 다니엘이 본즉 다른 두 사람이 있어 하나는 강 이쪽 언덕에 섰고 하나는 강 저쪽 언덕에 섰더니 그중에 하나가 세마포 옷을 입은 자 곧 강물 위쪽에 있는 자에게 이르되 이 놀라운 일의 끝이 어느 때까지냐 하더라"(단 12:5-6).

천사와 같은 두 분이 강 이쪽과 저쪽에 섰다. 흔히 성경학자들은 세마포 옷을 입은 분을 예수님으로 추측한다. 그중에 한 천사가 예수님께 "언제 끝이 납니까?" 하고 물었다.

> "내가 들은즉 그 세마포 옷을 입고 강물 위쪽에 있는 자가 자기의 좌우 손을 들어 하늘을 향하여 영원히 살아 계시는 이를 가리켜 맹세하여 이르되 반드시 한 때 두 때 반 때를 지나서 성도의 권세가 다 깨지기까지이니 그렇게 되면 이 모든 일이 다 끝나리라 하더라"(단 12:7).

예수님이 하늘을 향하여 영원히 살아 계시는 이를 가리켜 맹세, 서약했다. 예수님은 이 땅에서 중요한 말씀을 하실 때마다 "내가 진실로 진실로 너희에게 이르노니"라고 말씀하셨다. 이처럼 손을 들어 맹세하여 말씀하신 것 같다. 한 때와 두 때와 반 때 모두 세 때 반이 지나면 그때야 모든 일이 이루어진다고 하시는데, 세 때 반이 무슨 의미인지 우리는 알 수가 없다.

> "내가 듣고도 깨닫지 못한지라 내가 이르되 내 주여 이 모든 일의 결국이 어떠하겠나이까 하니"(단 12:8).

다니엘처럼 비상한 예언자도 이것이 무슨 뜻인지 다 몰랐다. 세 때 반 이후에 모든 종말이 온다고 하니 다니엘의 입장에서도 무슨 뜻인지 이해가 되지 않았다. 그래서 다니엘이 너무 혼란스러워서 다시 물었던 것이다.

"그가 이르되 다니엘아 갈지어다"(단 12:9).

주님은 그냥 "가라"고 하신다. 한 때, 두 때, 반 때가 지나면 모든 인류의 종말이 오는데, 그것을 다 이해하지 못했다고 해서 너무 힘들어하지 말고 이제 우리의 할 일을 하면 된다는 것이다. 앞으로 일어날 미래의 일들을 자세히 몰라도 그것 때문에 의혹투성이로 고민하지 말고 우리에게 주어진 하나님의 일들을 잘 감당하면 된다는 것이다.

"매일 드리는 제사를 폐하며 멸망하게 할 가증한 것을 세울 때부터 천이백구십 일을 지낼 것이요 기다려서 천삼백삼십오 일까지 이르는 그 사람은 복이 있으리라"(단 12:11-12).

"천이백구십 일"과 "천삼백삼십오 일"도 정확히 무슨 뜻인지 우리는 알 수 없다. 다니엘서에 기록된 모든 숫자들에 관해서 명확하게 다 안다고 할 수도 없고, 다 알겠다는 태도를 취할 필요도 없다.

주님은 "지금 너희들에게 필요한 것은 거의 다 받았다. 이제는 현실로 돌아가 매일 매 순간 진실 되게 살아가라"고 말씀해 주시는 것이다. 숫자 모르는 것 가지고 무리하게 해석하려 애쓰지 말고, 모르는 것은 모르는 대로 그대로 둔 채 우리에게 부여된 소명에 충실하라고 하신다.

"많은 사람이 연단을 받아 스스로 정결하게 하며 희게 할 것이나 악한 사람은 악을 행하리니 악한 자는 아무것도 깨닫지 못하되 오직 지혜 있는 자는 깨달으리라"(단 12:10).

매일매일의 삶에서 말씀으로 연단 받아 스스로 정결함과 희게 되는 삶을 살아야 한다. 말씀을 통해 정결케 해야 한다.

"너는 가서 마지막을 기다리라 이는 네가 평안히 쉬다가 끝날에는 네 몫을 누릴 것임이라"(단 12:13).

하나님은 다니엘에게 마지막을 기다리라고 하신다. 끝까지 신실하라고 말씀하신다. 죽겠지만 끝날에는 네가 일어나서 네게 돌아올 귀한 보상을 받을 것이라고 말씀하신다. 주님이 주신 이 권면이야말로 고난의 인생을 살았던 다니엘에게 큰 위로가 되었을 것이다.

우리는 이 땅에서 평안을 추구하는 사람이 아니라 영적 전쟁을 감당하는 주의 용사된 삶을 살아야 한다. 미국 센터포드월드미션의 창설자인 랄프 원터는 "모든 신자들은 일상의 삶을 전시처럼 살아야 한다"고 말한다.

선교 역사는 곧 영적 전쟁터 가운데서 평생 영적 싸움을 싸우다 간 인물들의 역사다. WEC선교회 창시자였던 C. T. 스터드 선교사의 삶을 보면 다니엘 12장 13절을 확신한 사람의 생애였다고 생각한다.

그는 1862년 영국에서 태어나 캠브리지 대학을 나와 6인의 동료 선교사들과 함께 중국에 가서 복음을 전했다. 그는 무디 선교사로부터 말씀을 듣고 예수님을 영접한 후 미전도종족인 중국에 갔지만 네 자녀 중에 한 자녀를 잃고 선교사로서의 삶 전체가 무너지는 아픔을 맛보았다. 그 가운데서도 그는 잃어버린 영혼에 대한 부담 때문에 영국으로 돌아갔다가 몸이 회복되자 다시 인도로 가서 복음을 전했다. 인도 사역을 마치고 영국으로 돌아온 어느 날 "식인종이 당신을 기다리고 있다"는 작은 선교 포스터 문구를 통해 하나님의 음성을 듣고 50세의 나이에 세 번째 헌신을 결심하고 백인들의 무덤이었던 아프리카의 영혼들을 위해 목숨을 걸었다. 아프리카에서 11년이라는 긴 세월 동안 역경과 고난이 있었지만 포기하지 않고 아프리카 선교의 길을 평탄케 했다. 오늘날 전 세계에 흩어져 일하는 선교사들은 선교적 유산과 모범을 따르며 복음의 씨앗을 뿌리고 있다.

우리의 고난이 아무리 크다고 해도 주님은 마지막 때 주님의 품에 안기는 그날을 허락해 주실 것을 약속하신다.

언젠가 우리도 고난의 인생길을 정리할 때, 주님이 다니엘에게 들려주신 음성을 듣게 될 것이다. 우리가 주님의 품에 안길 때 주님이 예비하신 그 처소에서 다니엘을 만나게 될 것이다. 그날까지 우리는 기도의 소명을 기억하며, 주님 앞에 무릎 꿇는 삶을 살자.

❧ 별처럼 빛나는 소명을 가진 자의 기도

하나님, 저를 하늘의 별과 같이 빛나게 하심을 감사드립니다. 저에게 지혜를 주시고 환난과 시련의 인생길 가운데 하나님 믿는 믿음을 저버리지 않게 하시니 감사합니다. 인생이 그저 죽으면 끝이 아님을 압니다. 제가 하나님 앞에서 다시 깨어날 때에 부끄러움을 당치 않게 하옵소서. 지옥의 형벌에서 벗어나게 하옵소서. 저의 이름이 생명책에 기록되어 영원한 생명을 누리게 하옵소서. 그를 위하여 이 땅에서 주님과 인격적인 관계를 맺겠습니다. 소명 받은 인생을 살겠습니다. 한 생애를 주님을 위해 한결같이 달려가도 전혀 아깝지 않은 인생이 되겠습니다. 예수의 피로 씻음 받고, 의의 흰 옷을 입으며, 영생의 복을 누리게 하옵소서. 지혜 있는 자가 되게 하시고, 많은 사람을 옳은 데로 인도하는 자가 되게 하옵소서. 그리스도가 주 되심을 선포하며, 말씀을 증거하는 전도자의 삶을 살게 도와주옵소서. 앞으로 일어날 미래의 일들을 모른다고 고민하며 살지 않겠습니다. 그저 저에게 주어진 하나님의 일을 잘 감당하겠습니다. 마지막 때, 주님이 예비하신 그 자리에서 다니엘을 만날 때까지, 주님의 품에 안기는 그날까지 소명자의 삶을 성실히 수행하겠습니다. 예수님의 이름으로 기도합니다. 아멘.